# Consommateur,

## Défendez vos droits !

**Ouvrage collectif**

**Avec la collaboration de**
Agnès Chambraud, Isabelle Collin,
Caroline Mazars, Emmanuèle Vallas



prat
éditions

Direction éditoriale : Anne-Laure Marie
Édition : Isabelle Resmond-Michel
Relecture-correction : Marine de Percin
Composition : Sylvain Atlan
Design couverture : Virginia Arraga de Malherbe
Crédit photos : Fotolia


Division d'Intescia
8, rue Rouget de Lisle, 92442 Issy-les-Moulineaux Cedex



ISBN : 978-2-8095-1134-5

# Table des matières

# Vos achats

*Le droit de la consommation connaît depuis quelques années un développement tout à fait favorable aux consommateurs. Depuis 1993, le Code de la consommation réunit l'ensemble des règles relatives à l'information des consommateurs, la formation des contrats, la conformité et la sécurité des produits et des services… dans le but d'assurer aux consommateurs la loyauté et la sincérité de l'offre faite par les professionnels vendeurs de produits et de services, la légalité des transactions commerciales et la protection des intérêts des acheteurs.*

*En dernier lieu, la loi Hamon du 17/3/2014 est venue renforcer les droits des consommateurs, en particulier en matière de conclusion des contrats et de défense de leurs intérêts avec l'action de groupe.*

# S'informer préalablement à l'achat

Avant d'acquérir un bien ou une prestation de services, le consommateur doit avoir été informé sur les prix, la qualité et les conditions particulières de la vente qui lui est proposée. Cette information transparente, sincère et loyale sur les produits et les services est prévue par le droit de la consommation et ce, aussi bien avant la signature du contrat que dans le contenu même de celui-ci.

## L'information sur les prix

■ L'abrogation des ordonnances du 30/6/1945 relatives au prix des produits et des services, qui permettaient à l'administration d'intervenir à tout moment et dans tous les secteurs pour fixer les prix, et leur remplacement par l'ordonnance n° 86-1243 du 1/12/1986 relative à la liberté des prix et de la concurrence aujourd'hui en vigueur et intégrée dans le Code de commerce, ont entraîné une modification fondamentale concernant la réglementation des prix. Par ailleurs, le Code de la consommation prévoit des dispositions obligeant tout professionnel à informer les consommateurs sur les prix et les conditions de vente des produits et des services qu'il commercialise.

Le principe de la liberté des prix s'applique à tous les biens, produits et services offerts à la vente par tous les opérateurs économiques, qu'il s'agisse du prix des produits industriels ou du tarif des services rendus aux consommateurs, qu'ils soient publics (parcs publics de stationnement, par exemple) ou privés.

■ L'administration a la possibilité de réglementer par décret, en Conseil d'État, les prix de certains secteurs d'activité pour des motifs tirés de l'intérêt général (tarifs des courses de taxis, tarifs SNCF et RATP, loyers des baux à usage d'habitation du secteur libre en région parisienne, prix du gaz et de l'électricité...).

Il revient à tout consommateur averti de faire jouer la concurrence et de confronter les devis ou les prix des professionnels entre eux pour optimiser son acte d'achat.

■ La publicité des prix des biens et des services constitue l'un des principes fondamentaux de la concurrence commerciale et de la protection des intérêts du consommateur.

En vertu de l'article L. 112-1 du Code de la consommation, toute information sur les prix des produits ou des services offerts à la vente par un professionnel doit faire apparaître, quel que soit le support utilisé (marquage, étiquetage ou autres), la somme totale qui devra être effectivement payée par le consommateur. Cette somme doit être exprimée en euros depuis le 1/1/2002. Le prix de vente doit faire apparaître les éventuels coûts supplémentaires à la charge du consommateur (le montant des frais de livraison ou d'envoi, ou le montant des taxes d'aéroport lors de l'achat d'un billet d'avion, par exemple). Cette disposition vise à mettre le consommateur à l'abri de toute surprise quant au montant de la dépense totale qu'il aura à supporter pour l'acquisition du produit ou la fourniture du service proposé.

*✎ Depuis le 1/4/2014, le consommateur qui achète un support d'enregistrement utilisable pour la reproduction à usage privé d'œuvre (MP3, tablette, carte mémoire...) doit être informé du montant de la « rémunération pour copie privée » (Code de la propriété intellectuelle, Art. L. 311-4-1 et R. 311-9).*
*La rémunération pour copie privée est fixée forfaitairement pour chaque support, en fonction de la durée ou de la capacité d'enregistrement qu'il permet et de son usage.*

■ Lorsque le prix ne peut être raisonnablement calculé à l'avance du fait de la nature du bien ou du service, le professionnel fournit le mode de calcul du prix et, s'il y a lieu, tous les frais supplémentaires de transport, de livraison ou d'affranchissement et tous les autres frais éventuels. Lorsque les frais supplémentaires ne peuvent raisonnablement être calculés à l'avance, le professionnel mentionne qu'ils peuvent être exigibles.

Dans le cas d'un contrat à durée indéterminée ou d'un contrat assorti d'un abonnement, le prix total inclut le total des frais exposés pour chaque période de facturation. Lorsque de tels contrats sont facturés à un tarif fixe, le prix total inclut également le total des coûts mensuels. Lorsque le coût total ne peut être raisonnablement calculé à l'avance, le mode de calcul du prix est communiqué (*Code de la consommation, Art. L. 112-3 et L. 112-4*).

*✎ Lorsque le prix annoncé ne comprend pas un élément ou une prestation de services indispensable à l'emploi du produit ou du service proposé, comme par exemple un jouet vendu sans piles ou l'absence d'éléments de branchement pour un appareil électroménager, le consommateur doit en être informé (Arrêté du 3/12/1987, Art. 3).*

■ Toute annonce de réduction de prix est licite sous réserve qu'elle ne constitue pas une pratique commerciale déloyale. Lorsque l'annonce de réduction de prix est faite sur un lieu de vente, l'étiquetage, le marquage ou l'affichage des prix doit préciser le prix réduit annoncé et le prix de référence qui est déterminé par l'annonceur et à partir duquel la réduction de prix est annoncée (*Arrêté du 11/3/2015*).

*✎ Lorsque l'annonce de réduction de prix est d'un taux uniforme et se rapporte à des produits ou services parfaitement identifiés (20 % sur tout le magasin ou 10 % sur tous les réfrigérateurs, par exemple), la réduction peut être faite directement à la caisse. Dans ce cas, l'indication du prix réduit n'est pas obligatoire par marquage ou étiquetage, l'avantage annoncé devant s'entendre par rapport au prix de référence.*

## Les règles d'étiquetage

### ■ Les produits exposés à la vue du public

Le prix des produits vendus au détail et exposés à la vue du public (vitrine, étalage ou rayonnages) doit faire l'objet d'un marquage par écriteau ou d'un étiquetage lisible et accessible. L'information doit figurer de telle manière que le consommateur n'ait pas à entrer dans le magasin pour la lire ou se renseigner (*Arrêté interministériel du 3/12/1987, Art. 4 et 5*). Cette obligation s'applique sur tous les lieux de vente qu'il s'agisse d'un magasin, d'une foire ou d'un salon. Les produits d'occasion n'échappent pas à ce principe. En revanche, les articles soldés sont assujettis à des règles particulières.

*✎ Les règles de l'étiquetage du prix s'appliquent à tous les produits préemballés (alimentaires ou non). Mais pour ces derniers, le vendeur doit parallèlement indiquer un prix à l'unité de mesure (au kilogramme, au litre) (Arrêté du 16/11/1999).*

*✎ Les vendeurs de produits peuvent pratiquer l'affichage d'un double prix pour un même bien : un prix de vente et un prix d'usage qui désigne la valeur marchande associée à l'usage du service rendu par le bien, et non à la propriété de ce bien (Loi du 17/3/2014, Art. 4).*

**Les produits non exposés à la vue du public**

Les produits non exposés au public mais disponibles à la vente au détail (produits stockés en réserve par exemple) doivent également faire l'objet d'un étiquetage.

**Les produits bénéficiant d'un régime spécifique**

Certains produits bénéficient d'un régime spécifique d'information s'agissant de la publicité de leurs prix :

– les véhicules automobiles : un document comportant notamment l'indication du prix de vente doit être remis au consommateur avant la signature du contrat (*Arrêté du 28/6/2000*) ;

– l'essence : l'affichage du prix des carburants à la pompe doit être effectué à l'aide d'un panneau extérieur lisible depuis la voie publique (*Arrêté du 8/7/1988*). Les stations-service situées hors autoroutes peuvent désormais afficher leurs prix sur les autoroutes par des panneaux commerciaux, installés entre 5 et 10 km avant chaque sortie, indiquant le nom commercial de la station, la distance de la station après la sortie et le prix des deux carburants les plus utilisés (*Arrêté du 12/12/2006*). Le prix des carburants pratiqués dans les stations services d'autoroutes doivent faire l'objet d'une présignalisation implantée entre 500 m et 1 km avant l'entrée de l'aire (*Arrêté du 8/7/1988*) ;

– les meubles neufs : ils doivent être étiquetés et le prix doit apparaître de manière visible et indélébile, sans omettre l'énumération de la liste des objets livrés ou emportés pour le même prix (*Décret n° 86-583 du 14/3/1986*) ;

– certains produits alimentaires : il s'agit notamment de la viande, de la charcuterie, du pain et des fruits et légumes.

## Le prix des services

Les offres de services des professionnels n'échappent pas à l'obligation d'affichage des prix. Il s'effectue par le biais d'un document unique remis au consommateur ou par un affichage lisible placardé sur les lieux où le service est proposé. Les prix sont toujours affichés toutes taxes comprises ou service compris pour chacune des prestations proposées.

Certains professionnels doivent afficher leurs prix au public de telle façon qu'ils puissent être lus de l'extérieur :

– les salons de coiffure : ils doivent afficher les prix TTC d'au moins dix prestations parmi les plus courantes (*Arrêté n° 87-05/C du 27/3/1987*) ;

– les blanchisseries et teinturiers (*Arrêté du 27/3/1987*) ;

– les cordonniers (*Arrêté du 4/5/1983*) ;

– les déménageurs : ils sont tenus de remettre gratuitement et obligatoirement un devis avant la signature du contrat (*Arrêté du 3/11/1986*) ;

– les débits de boissons et les restaurants (*Arrêté du 27/3/1987*) ;

– les hôtels et les établissements d'hébergement (*Arrêté du 18/10/1988*) ;

– les locations saisonnières en meublé (*Arrêté du 16/5/1967*) ;

– les campings-caravanings : ils doivent afficher les prix TTC au lieu de réception de la clientèle et au lieu de commercialisation, y compris en ligne, pour chacune des prestations proposées (*Arrêté du 24/12/2014*) ;

– les établissements bancaires (*Code monétaire et financier, Art. L. 314-8 et s.*) ;

– les professionnels de l'immobilier (*Arrêté du 29/6/1990*) ;

– les professionnels de l'automobile : les garagistes (*Arrêté du 27/3/1987*), les agences de location de véhicules (*Arrêté du 17/3/2015*), les auto-écoles (*Arrêté du 19/6/1987*) ;

– les taxis (*Arrêté du 6/11/2015*)…

**☺ AVANTAGE**

En matière de prestations de services, le versement d'un pourboire n'est jamais dû et le prix des majorations éventuelles doit être spécifiquement indiqué (*Arrêté du 3/12/1987, Art. 1 et 13*).

✎ *Depuis le 1/1/2002, toute information sur les prix de produits ou de services doit faire apparaître, quel que soit le support utilisé, la somme totale TTC qui devra être effectivement payée par le consommateur, exprimée en euros (Arrêté du 21/12/2001).*

☺ **AVANTAGE**

Depuis le 1/7/2015, dans les parkings publics et pour les stationnements d'une durée inférieure à 12 heures, la facturation s'effectue par quart d'heure (*Loi du 17/3/2014, Art. 6*).

## La facture

Toute prestation de services d'un montant supérieur ou égal à 25 € (TVA comprise) doit donner lieu à la délivrance d'une facture ou d'une note, à moins qu'un devis descriptif et détaillé ait été rédigé préalablement et que le client l'ait accepté (*Arrêté du 3/10/1983 modifié par l'arrêté du 15/7/2010*). En deçà de cette somme, la délivrance d'une facture est facultative, sauf demande expresse du client.

La facture doit obligatoirement mentionner :
- la date où elle est établie ;
- le nom et l'adresse du prestataire ;
- le nom du consommateur ;
- la date et le lieu d'exécution de la prestation ;
- le décompte détaillé, en quantité et en prix, de chaque prestation et produit fourni et vendu ;
- la somme totale à payer hors taxes et toutes taxes comprises.

### DES FACTURES PARTICULIÈRES

Certaines prestations de services peuvent faire l'objet de dispositions particulières en matière de facturation. C'est ainsi que les factures des services de distribution de l'eau (communes ou concessionnaires privés), comportent plusieurs rubriques permettant d'éclairer les usagers sur ce qu'ils paient et sur la destination des fonds collectés : prix de la distribution de l'eau, de la collecte et du traitement des eaux usées, redevance des organismes publics...

De même, les factures de téléphone doivent comprendre notamment : l'identification du fournisseur et du client, le prix HT et TTC, distinguant les abonnements, les forfaits et options, les consommations et les services ponctuels ou occasionnels ainsi que l'information selon laquelle le consommateur peut, à sa demande, obtenir une facture détaillée dont le contenu est également réglementé (*Arrêté du 1/2/2002*).

Enfin, les organismes proposant des services à la personne doivent indiquer sur le lieu d'accueil et sur leur site Internet la liste de chacune des prestations proposées et la catégorie dont elle relève ; le prestataire doit également détailler l'ensemble des informations sur les prix (les frais facturés, le taux horaire ou le prix forfaitaire), y compris celles relatives aux réductions éventuelles. Les prix sont exprimés HT et TTC (*Arrêté du 17/3/2015*).

## Le devis

Certains professionnels sont tenus de remettre obligatoirement à leurs clients un devis préalable à toute signature de contrat et à toute réalisation de prestation. Il s'agit de protéger les consommateurs dans des secteurs sensibles ou de leur permettre de disposer d'une proposition de prix permettant la comparaison entre plusieurs professionnels.

Plusieurs secteurs sont ainsi encadrés :

■ Les dépanneurs et les réparateurs dans le secteur du bâtiment (plomberie, travaux de l'habitat...) et de l'électroménager : ils sont tenus, lorsque le montant estimé de l'intervention est supérieur à 150 €, d'effectuer un devis écrit, préalablement à tous travaux, indiquant le prix des prestations proposées ou demandées par le consommateur (*Arrêté du 2/3/1990*).

■ Les opticiens : avant tout achat de verres, lunettes, montures ou lentilles, le client doit avoir reçu un devis détaillé et conforme à un modèle préétabli (*Code de la Sécurité sociale, Art. L. 165-9 et Arrêté du 23/7/1996*).

■ Les chirurgiens esthétiques : ils sont tenus de remettre avant toute intervention chirurgicale à visée esthétique un devis détaillé (*Code de la santé publique, Art. L. 6322-2*).

■ Les sociétés funéraires : elles doivent remettre un devis détaillé et gratuit aux familles avant toute inhumation ou crémation sans demande préalable de la part de ces dernières (*Code général des collectivités territoriales, Art. R. 2223-24 et s.*).

■ Les dentistes et les médecins : un devis précisant le tarif des actes effectués ainsi que la nature et le montant du dépassement facturé doit être obligatoirement remis par les professionnels de santé à leur patient dès lors que leurs honoraires dépassent 70 € (*Code de la santé publique, Art. L. 1111-3 et Arrêté du 2/10/2008*). Par ailleurs, ils doivent, lorsqu'ils font appel à un fournisseur ou à un prestataire de services pour la réalisation d'un acte pris en charge par l'assurance maladie, fournir à leur patient, sous peine de sanctions, un devis avant que l'acte soit effectué et une facture après sa réalisation (*Loi n° 98-1194 du 23/12/1998*).

■ Les audioprothésistes : avant la conclusion du contrat, ils doivent remettre un devis normalisé comportant le prix de vente de chaque produit et de chaque prestation proposés ainsi que les modalités de prise en charge par les organismes d'assurance maladie obligatoire et, le cas échéant, complémentaire (*Code de la Sécurité sociale, Art. L. 165-9*).

■ Les entreprises de déménagement : elles sont tenues de remettre gratuitement un devis au consommateur avant la conclusion d'un contrat de déménagement. Ce devis doit comprendre diverses informations et notamment le prix HT et TTC du déménagement, et il doit être accompagné des conditions générales du contrat (*Arrêté du 27/4/2010*).

■ Les entreprises commerciales qui proposent des prestations de services ou du matériel, y compris des dispositifs médicaux, destinés à favoriser le retour à domicile et l'autonomie des personnes malades ou présentant une incapacité ou un handicap : avant la conclusion du contrat, le professionnel doit remettre gratuitement au consommateur un devis lorsque le prix du produit ou de la prestation est supérieur ou égal à 500 € TTC. Il y est également tenu lorsque le prix de la location est supérieur au remboursement de la sécurité sociale ou encore lorsque le produit est réalisé sur mesure (*Arrêté du 4/7/2014*).

■ Les prestataires de services à la personne sont tenus de remettre gratuitement un devis lorsque le prix mensuel des prestations est supérieur à 100 € (*Arrêté du 17/3/2015*).

■ Les loueurs de voiture : ils doivent remettre gratuitement au consommateur un devis sur un support durable. Sa délivrance est systématique avant la souscription du contrat. Lorsque l'offre est souscrite en ligne, le consommateur doit accéder au devis à partir de la page de présentation. Sur le lieu d'accueil de la clientèle, le consommateur peut demander à ce que le devis lui soit délivré sur support papier. Le devis doit comprendre diverses informations et notamment le prix total TTC à payer avant la prise du véhicule et, le cas échéant, les sommes TTC à payer après le retour du véhicule (*Arrêté du 17/3/2015*).

✎ *Lorsqu'il est obligatoire, le devis doit apporter toutes les précisions nécessaires quant au taux horaire de la main-d'œuvre, aux modalités de décompte du temps passé, au prix des prestations, aux frais de déplacement, à la durée de validité de l'offre et aux modalités de paiement.*

# L'information sur le produit et le contrat

## L'information sur le produit

■ L'article L. 111-1 du Code de la consommation met à la charge des professionnels vendeurs de biens (automobiles, meubles…) ou prestataires de services (teinturiers, entreprises de déménagement…) l'obligation de fournir au consommateur, avant la signature du contrat, de manière lisible et compréhensible, les informations suivantes :

– les caractéristiques essentielles du bien ou du service ;
– le prix du bien ou du service ;
– en l'absence d'exécution immédiate du contrat, la date ou le délai auquel le professionnel s'engage à livrer le bien ou à exécuter le service ;
– les informations relatives à son identité, à ses coordonnées postales, téléphoniques et électroniques et à ses activités ainsi que, s'il y a lieu, celles relatives aux garanties légales, aux fonctionnalités du contenu numérique et, le cas échéant, à son interopérabilité (capacité à fonctionner avec d'autres produits), à l'existence et aux modalités de mise en œuvre des garanties et autres conditions contractuelles ;
– la possibilité de recourir à un médiateur de la consommation.

Les articles R.111-1 et suivants du Code de la consommation précisent les informations qui doivent être communiquées à l'acheteur avant la conclusion du contrat et notamment son nom, sa dénomination sociale, son adresse, les modalités de paiement et de livraison…

En outre, le fabriquant ou l'importateur de biens doivent informer le vendeur professionnel de la période pendant laquelle les pièces indispensables à l'utilisation des biens seront disponibles sur le marché. Cette information doit obligatoirement être délivrée au consommateur par le vendeur de manière lisible avant la conclusion du contrat et confirmée par écrit lors de l'achat du bien (*Code de la consommation, Art. L. 111-4 et D. 111-4*). De cette manière, l'acheteur peut se déterminer dans son choix, en toute connaissance de cause, aux meilleures conditions économiques, juridiques et techniques dans un contexte marqué par le jeu du marché. C'est ce qu'on appelle communément l'obligation de renseignement ou le devoir de conseil du professionnel. En cas de litige, c'est au vendeur de prouver qu'il a exécuté ces obligations.

> ☺ **AVANTAGE**
>
> Depuis le 1/1/2016, les professionnels de l'automobile (garagistes) ont l'obligation de proposer aux consommateurs qui s'adressent à eux pour la réparation ou l'entretien de leur véhicule des pièces de rechange issues de l'économie circulaire (pièces recyclées). Un décret (à paraître) doit établir la liste des pièces concernées et définir la notion de « pièces issues de l'économie circulaire » (*Code de la consommation, Art L. 224-67*).

■ L'obligation de renseignement peut être faite à l'aide de n'importe quel support : étiquette, affiche, bon de commande, notice ou tout simplement de façon orale. Elle est particulièrement protectrice car le professionnel ne doit pas se contenter d'énoncer les caractéristiques propres au bien ou au service offert à la vente (conditions d'utilisation, instructions d'emploi, qualités ou finalités du bien ou du service offert…), il doit également mettre en lumière l'opportunité même de conclure le contrat envisagé en fonction des besoins et des moyens du consommateur. S'il ne le fait pas, il peut se voir condamné au paiement de dommages et intérêts à hauteur du préjudice subi par l'acheteur, qui peut également demander l'annulation du contrat de vente dès lors que le silence a été volontairement gardé par le vendeur.

Les tribunaux ont ainsi été amenés à condamner un garagiste pour manquement à son devoir de conseil : il n'avait pas avisé le client du caractère inopportun des réparations demandées (*Cour de cassation, Chambre commerciale, 25/2/1981*). Il en a été de même pour un moniteur de ski qui n'avait pas apprécié le niveau de ses élèves au regard de la piste empruntée, un accident en ayant résulté (*Cour de cassation, 1re chambre civile, 9/2/1992*). Même chose pour un vendeur de matériel informatique : il avait conseillé à son client un matériel inadapté à ses besoins (*Cour d'appel de Versailles, 3/6/1987*).

L'article L. 111-5 du Code de la consommation précise, qu'en cas de litige, il appartient au professionnel de prouver qu'il a exécuté son obligation d'information. En application de cette disposition, la Cour de cassation a admis qu'était justifié le refus par une élève d'un centre de formation de continuer à suivre les cours auxquels elle s'était inscrite et, en conséquence d'acquitter le paiement du solde du prix de la formation, au motif que celle-ci ne répondait pas à ses attentes, le centre de formation ne justifiant pas qu'il avait fait connaître à l'élève, avant la conclusion du contrat, les caractéristiques essentielles de l'enseignement dispensé (*Cour de cassation, 1re chambre civile, 13/12/2012*).

> ✎ *Les tribunaux imposent aux professionnels de fournir à l'acheteur un mode d'emploi rédigé clairement, en langue française, lorsque le produit vendu est d'une utilisation délicate ou dangereuse.*

■ Pour certains produits ou services, le devoir d'information des professionnels va au-delà des obligations générales. Nombreux sont les textes prévoyant une information spécifique à certains produits ou services en raison de considérations d'hygiène et de santé publique (produits alimentaires notamment), en raison de l'importance de l'achat projeté par le consommateur (crédit immobilier, par exemple), ou encore en raison de la situation particulièrement vulnérable dans laquelle se trouve le consommateur vis-à-vis d'un professionnel (recours à une agence matrimoniale, par exemple). On peut citer, à titre d'exemple, l'obligation pour les vendeurs de véhicules automobiles neufs, d'informer le consommateur, par un affichage visible, sur la consommation de carburant de la voiture et les émissions de dioxyde de carbone résultant de son utilisation (*Décret n° 2002-1508 du 23/12/2002*).

■ Les fabricants qui mettent sur le marché ou en service des produits consommateurs d'énergie (télévision, électroménager, etc.) sont tenus de fournir une étiquette et une fiche comportant des informations relatives à la consommation énergétique du produit ou en autres ressources essentielles pendant son utilisation (consommation d'eau pour une machine à laver le linge, par exemple). Ces étiquettes et ces fiches doivent être fournies aux distributeurs, qui doivent les porter à la connaissance des acheteurs (*Décret n° 2011-1479 du 9/11/2011*).

> ✎ *Tous les vendeurs de produits manufacturés doivent informer les consommateurs de la période de disponibilité prévisible des pièces détachées nécessaires à la réparation éventuelle du bien acheté (Code de la consommation, Art. L. 111-4, D. 111-4 et D. 111-5). Faute de quoi, ils engagent leur responsabilité contractuelle conformément au droit commun (Code civil, Art. 1228). Le consommateur peut demander en justice des dommages et intérêts en compensation du préjudice subi du fait de l'inexistence de pièces nécessaires à la réparation du bien acheté alors même qu'il n'avait été informé d'aucune indisponibilité.*

■ Un consommateur qui a connaissance d'éléments sérieux mettant en doute le fait que le bien proposé à la vente a été fabriqué dans des conditions respectueuses des conventions internationales relatives aux droits humains fondamentaux, peut demander au vendeur, au fabricant ou au producteur des informations sur divers points. Il peut ainsi interroger le professionnel sur l'origine géographique des matériaux et composants utilisés dans la fabrication, sur les contrôles de qualité et audits, sur l'organisation de la chaîne de production et l'identité, l'implantation géographique et les qualités du fabricant, de ses sous-traitants et fournisseurs.

Lorsque le professionnel ne possède pas l'information demandée, il est tenu d'en informer le consommateur.

Si la transmission au consommateur d'une de ces informations est de nature à compromettre gravement les intérêts stratégiques ou industriels de ce professionnel, celui-ci peut décider de ne pas la transmettre à condition d'en motiver les raisons (*Code de la consommation, Art. L. 113-1 et L. 113-2*).

# L'information sur le contrat

## Les documents précontractuels

Dans des secteurs particuliers (assurances, concessions automobiles, agences de voyages...), les professionnels sont tenus de remettre à leurs clients, avant la signature du contrat, des documents énumérant les caractéristiques essentielles de la convention proposée. L'inobservation de ces obligations entraîne, le plus souvent, la nullité du contrat, voire des sanctions pénales.

Les principaux produits, services ou secteurs concernés sont :

– Les assurances (compagnies et mutuelles) : elles doivent obligatoirement fournir à toute personne intéressée une fiche d'information sur le prix et les garanties proposées avant la conclusion du contrat, ainsi qu'un exemplaire du projet de contrat ou une notice d'information sur celui-ci (*Code des assurances, Art. L. 112-2, L. 132-5 et L. 132-5-1*).

– Les établissements de crédit : ils sont tenus d'informer leur clientèle et le public sur les conditions générales et tarifaires applicables aux opérations relatives à la gestion d'un compte de dépôt. Cette gestion est réglée par une convention écrite passée entre le client et son établissement de crédit, qui précise notamment les conditions tarifaires d'ouverture, de fonctionnement et de clôture (*Code monétaire et financier, Art. L. 312-1-1*).

– Les vendeurs d'automobiles : ils doivent remettre à tout acheteur potentiel, avant la signature de la commande, un document présentant les caractéristiques techniques du véhicule désiré, son prix et la date à laquelle celui-ci peut être livré (*Arrêté du 28/6/2000*).

– Les mandataires automobiles : un arrêté renvoie à un modèle de contrat élaboré par le Conseil national de la consommation (*Arrêté du 28/10/1996*).

– Les agences de voyages : elles doivent informer les clients intéressés par écrit, préalablement à la signature du contrat, du contenu des prestations proposées : moyens de transport éventuellement utilisés, mode d'hébergement... (*Code du tourisme, Art. L. 211-8 et L. 211-9*).

– Les établissements hébergeant des personnes âgées : ils doivent inclure dans leurs contrats certaines mentions (*Code de l'action sociale et des familles, Art. L. 342-1 et s.*).

– Les entreprises des pompes funèbres : leur documentation générale, les devis obligatoirement remis aux familles ainsi que les bons de commande doivent être conformes aux articles R. 2223-24 et suivants du Code général des collectivités territoriales relatif au règlement national des pompes funèbres. Le devis doit être conforme à un modèle type officiel (*Arrêté du 23/8/2010*).

## Les clauses obligatoires

Dans la majorité des cas, le contrat qui est présenté au consommateur est prérédigé et le signataire n'a guère la possibilité d'en modifier les clauses. Qui songerait en effet à négocier avec ENGIE, par exemple, le prix de l'abonnement et des conditions dans lesquelles ce dernier est assuré ? Pourtant, les contrats d'adhésion sont parfois libellés sans prendre en compte les intérêts des consommateurs, voire en étant contraires aux lois et aux règlements applicables à leur contenu.

Si les contrats courants tirent leur force de l'accord présupposé entre la volonté du professionnel et le désir du consommateur, encore faut-il que ce dernier soit suffisamment éclairé quant à la nature et la portée des conditions auxquelles il déclare adhérer.

Les pouvoirs publics, conscients du fait que les contrats de consommation sont rédigés en faveur des professionnels et de la nécessité d'un consentement éclairé du consommateur qui s'engage, ont adopté des dispositions visant à rétablir un équilibre entre les contractants.

■ Pour un certain nombre de contrats, il existe des textes fixant des obligations d'information à l'égard du consommateur. Ils visent à faire respecter l'équilibre des intérêts en présence :

– Chirurgie esthétique : pour toute prestation de chirurgie esthétique, la personne concernée, et, s'il y a lieu, son représentant légal, doivent être informés par le praticien responsable des conditions de l'intervention, des risques et des éventuelles complications (*Code de la santé publique, Art. L. 6322-2*).

– Crédit : l'offre préalable doit comporter certaines mentions obligatoires qui doivent être présentées de manière claire et lisible.

– Construction de maison individuelle : le contrat doit comporter certaines énonciations protégeant le consommateur, qu'il s'agisse de construction de maisons individuelles, avec ou sans fourniture de plan, ou de contrat de vente d'immeuble à construire.

– Courtage matrimonial : le contrat doit mentionner les coordonnées du professionnel, la prestation désirée et, dans un document annexe au contrat, les qualités de la personne désirée.

– Vente hors établissement : le contrat doit comporter, sous peine de nullité, certaines mentions obligatoires, notamment, la faculté de renonciation offerte au consommateur ainsi que le bordereau de rétractation.

– Enseignement à distance : le contrat doit préciser les conditions de l'enseignement proposé et il doit fournir en annexe, sous peine de nullité, un plan d'étude.

– Établissement assurant l'hébergement des personnes âgées : le contrat doit prévoir les conditions et les modalités de résiliation du contrat et il doit comporter, en annexe, un document décrivant l'ensemble des prestations proposées par l'établissement avec l'indication du prix de chacune d'elles. Un contrat type existe mais il n'est pas obligatoire.

– Vente à distance : le contrat doit indiquer les coordonnées de l'entreprise.

– « Marchands de listes » : leur fichier ne peut présenter aucun bien immobilier pour lequel le professionnel ne dispose pas d'une convention écrite, signée par le propriétaire, et comportant les mentions rendues obligatoires par l'article 79-1 du décret n° 72-678 du 20/7/1972.

– Garantie commerciale et service après-vente offerts par les vendeurs d'appareils électroménagers et électroniques : un contrat écrit doit être remis au consommateur précisant le contenu de la garantie, le prix ou la gratuité de la garantie, les modalités de mise en œuvre, la durée et l'étendue territoriale, le nom et l'adresse du garant. Plusieurs articles du Code de la consommation et du Code civil doivent en outre être reproduits. Le consommateur doit enfin être informé de l'existence de la garantie légale de conformité et de la garantie légale des vices cachés (*Code de la consommation, Art. L. 111-1 et s.*).

– Étiquetage des meubles : il doit présenter un certain nombre de mentions obligatoires (*Décret n° 86-583 du 14/3/1986*).

■ Si un contrat est valable dès lors que les deux parties font part de leur volonté expresse en ce sens, encore faut-il que l'objet du contrat soit suffisamment clair et que les conditions afférentes soient compréhensibles par le plus grand nombre.

C'est la raison pour laquelle certains textes exigent des contrats proposés par les professionnels un certain formalisme. C'est le cas notamment des contrats d'adhésion dont on ne peut pas modifier les conditions (contrat de carte bancaire ou abonnement téléphonique par exemple) ou de certains supports d'information à destination des consommateurs (étiquetage des denrées alimentaires par exemple) :

– Étiquetage des denrées alimentaires : l'utilisation de caractères apparents et lisibles est exigée.

– Assurance : l'article L. 112-4 du Code des assurances dispose que les clauses des polices édictant des nullités, des déchéances ou des exclusions ne sont valables que si elles sont mentionnées en caractères très apparents.

– Crédit à la consommation : le contenu du contrat doit être présenté de manière claire et lisible et rédigé en caractères dont la hauteur ne peut être inférieure à celle du corps 8.

– Crédit immobilier : les mentions obligatoires de l'offre préalable doivent être présentées de manière parfaitement lisibles et compréhensibles par le consommateur.

– Contrats de services de communications électroniques (fournisseurs de services Internet) : le contrat doit comporter de nombreuses clauses obligatoires portant sur la fourniture des services et leur maintien ainsi que sur les conditions dans lesquelles ces clauses sont susceptibles d'être modifiées (*Code de la consommation, Art. L. 224-30*).

– Contrats de fourniture d'électricité ou de gaz naturel : l'offre de fourniture doit préciser, dans des termes clairs et compréhensibles, de nombreuses informations obligatoires ainsi que les conditions dans lesquelles les dispositions contractuelles peuvent faire l'objet d'une modification (*Code de la consommation, Art. L. 224-1 et s.*).

– Contrats d'achat de métaux précieux : tout achat de métaux précieux par un professionnel auprès d'un consommateur doit faire l'objet d'un contrat écrit comportant de nombreuses informations obligatoires. Ce contrat comprend un formulaire détachable permettant au consommateur d'exercer son droit de rétractation dans un délai de 24 heures (*Code de la consommation, Art. L. 224-96 et s. et R. 224-4 et s.*).

■ À l'exception des exploitants des services d'eau potable et d'assainissement, tout prestataire de services (services de télévision payante, de téléphonie, de communications électroniques, de fourniture d'électricité, par exemple) doit, en termes clairs et compréhensibles, informer le consommateur de la possibilité ne pas reconduire un contrat conclu avec une clause de reconduction automatique (annuelle, le plus souvent). Cette information doit être fournie par écrit, par lettre nominative ou courrier électronique, au plus tôt 3 mois et au plus tard 1 mois avant la date de reconduction du contrat et doit mentionner, dans un encadré apparent, la date limite de résiliation.

Si cette information ne lui a pas été adressée, le consommateur peut mettre gratuitement un terme au contrat à tout moment à compter de la date de reconduction (*Code de la consommation, Art. L. 215-1*).

■ De manière générale, la lisibilité de l'étiquetage et du marquage des biens et des services proposés à la vente est une exigence permanente (*Arrêté du 3/12/1987*).

✎ *En l'absence de dispositions spécifiques, les tribunaux jugent non écrites les clauses contractuelles et les mentions obligatoires dont la présentation matérielle, notamment leur caractère illisible ou incompréhensible, ne permet pas au consommateur d'avoir une connaissance effective des dispositions qui l'engagent, ni d'appréhender la nature des informations qui lui sont destinées.*

## LES CLAUSES ABUSIVES

Une clause d'un contrat conclu entre un commerçant et un consommateur est abusive dès lors qu'elle a pour objet ou pour effet de créer, au détriment du consommateur, un déséquilibre significatif entre les droits et obligations des parties au contrat (*Code de la consommation, Art. L. 212-1*).

Depuis l'intervention du décret n° 2009-302 du 18/3/2009 pris en application de l'article L. 212-1 du Code de la consommation, sont présumées abusives de manière irréfragable (c'est-à-dire qu'elles sont privées de toute efficacité, inopposables au consommateur et que le commerçant ne peut, en aucun cas, les invoquer) les clauses ayant pour objet ou pour effet de :

– constater l'adhésion du consommateur à des clauses qui ne figurent pas dans l'écrit qu'il accepte ou qui sont reprises dans un autre document auquel il n'est pas fait expressément référence lors de la conclusion du contrat et dont il n'a pas eu connaissance avant sa conclusion ;

– restreindre l'obligation pour le professionnel de respecter les engagements pris par ses préposés ou ses mandataires ;

– réserver au professionnel le droit de modifier unilatéralement les clauses du contrat relatives à sa durée, aux caractéristiques ou au prix du bien à livrer ou du service à rendre ;

– accorder au seul professionnel le droit de déterminer si la chose livrée ou les services fournis sont conformes ou non aux stipulations du contrat ou lui conférer le droit exclusif d'interpréter une quelconque clause du contrat ;

contraindre le consommateur à exécuter ses obligations alors que, réciproquement, le professionnel n'exécuterait pas ses obligations de délivrance ou de garantie d'un bien ou son obligation de fourniture d'un service ;

– supprimer ou réduire le droit à réparation du préjudice subi par le consommateur en cas de manquement par le professionnel à l'une quelconque de ses obligations ;

– interdire au consommateur le droit de demander la résolution ou la résiliation du contrat en cas d'inexécution par le professionnel de ses obligations de délivrance ou de garantie d'un bien ou de son obligation de fourniture d'un service ;

– reconnaître au professionnel le droit de résilier discrétionnairement le contrat, sans reconnaître le même droit au consommateur ;

– permettre au professionnel de retenir les sommes versées au titre de prestations non réalisées par lui, lorsque celui-ci résilie lui-même discrétionnairement le contrat ;

– soumettre, dans les contrats à durée indéterminée, la résiliation à un délai de préavis plus long pour le consommateur que pour le professionnel ;

– subordonner, dans les contrats à durée indéterminée, la résiliation par le consommateur au versement d'une indemnité au profit du professionnel ;

– imposer au non-professionnel ou au consommateur la charge de la preuve, qui, en vertu du droit applicable, devrait incomber normalement à l'autre partie au contrat (*Code de la consommation, Art. R. 212-1*).

Par ailleurs, sont présumées abusives (le commerçant peut, en cas de litige, rapporter la preuve contraire) les clauses ayant pour objet ou pour effet de :

– prévoir un engagement ferme du consommateur, alors que l'exécution des prestations du professionnel est assujettie à une condition dont la réalisation dépend de sa seule volonté ;

– autoriser le professionnel à conserver des sommes versées par le consommateur lorsque celui-ci renonce à conclure ou à exécuter le contrat, sans prévoir réciproquement le droit pour le consommateur de percevoir une indemnité d'un montant équivalent, ou égale au double en cas de versement d'arrhes au sens de l'article L. 214-1, si c'est le professionnel qui renonce ; .../...

**LES CLAUSES ABUSIVES (suite)**

– imposer au consommateur qui n'exécute pas ses obligations une indemnité d'un montant manifestement disproportionné ;

– reconnaître au professionnel la faculté de résilier le contrat sans préavis d'une durée raisonnable ;

– permettre au professionnel de procéder à la cession de son contrat sans l'accord du consommateur et lorsque cette cession est susceptible d'engendrer une diminution des droits du consommateur ;

– réserver au professionnel le droit de modifier unilatéralement les clauses du contrat relatives aux droits et obligations des parties, autres que celles relatives à sa durée, aux caractéristiques ou prix du bien à livrer ou du service à rendre ;

– stipuler une date indicative d'exécution du contrat, hors les cas où la loi l'autorise ;

– soumettre la résolution ou la résiliation du contrat à des conditions ou modalités plus rigoureuses pour le consommateur que pour le professionnel ;

– limiter indûment les moyens de preuve à la disposition du consommateur ;

– supprimer ou entraver l'exercice d'actions en justice ou des voies de recours par le consommateur, notamment en obligeant le consommateur à saisir exclusivement une juridiction d'arbitrage non couverte par des dispositions légales ou à passer exclusivement par un mode alternatif de règlement des litiges (*Code de la consommation, Art. R. 212-2*).

Ces dispositions sont applicables quels que soient la forme ou le support du contrat : bons de commande, factures, bons de garantie, bordereaux ou bons de livraison, billets ou tickets, contenant des stipulations négociées librement ou non ou des références à des conditions générales préétablies.

Les clauses abusives figurant dans les contrats conclus entre commerçants et consommateurs, sauf certaines exceptions en matière de services financiers, sont réputées non écrites. Dès lors, un consommateur, en présence d'une clause abusive, peut en contester l'opposabilité auprès du vendeur ou du prestataire de services par lettre recommandée avec demande d'avis de réception. À défaut d'accord amiable, il peut saisir le juge de proximité pour tous les litiges jusqu'à 4 000 € jusqu'au 30/6/2017 et le tribunal d'instance pour tous les litiges compris entre 4 001 et 10 000 €.

À partir du 1/7/2017, il faudra saisir le tribunal d'instance pour tous les litiges ne dépassant pas 10 000 €, la compétence du juge de proximité étant supprimée à compter de cette date.

Le professionnel qui fait figurer dans ses contrats l'une des clauses abusives définies par l'article R. 212-1 du Code de la consommation risque une amende administrative prononcée par la DGCCRF d'un montant de 3 000 € pour une personne physique et 15 000 € pour une personne morale (*Code de la consommation, Art. L. 241-2*).

## Comment est sanctionné le défaut d'information ?

Le consommateur ayant subi un préjudice du fait de l'absence d'information d'un professionnel peut obtenir réparation de trois manières.

■ Lorsqu'il y a défaut d'information, le consommateur peut porter plainte auprès de la direction départementale de la protection des populations (DDPP). Pour connaître les coordonnées du service de votre région, vous pouvez contacter la Direction générale de la concurrence, de la consommation et de la répression des fraudes.

Deux motifs peuvent être invoqués :

– la tromperie sur les qualités substantielles de la chose vendue en référence à l'article L. 441-1 du Code de la consommation. Ce qu'ont admis, par exemple, les tribunaux lors d'une vente de véhicule d'occasion où il avait été

faussement attesté que la batterie était neuve (*Tribunal de grande instance de Rouen, 16/9/1993*) ;
– l'abus de faiblesse dans les conditions précisées par l'article L. 121-8 du Code de la consommation ou l'abus frauduleux de l'état d'ignorance de l'acheteur (*Code pénal, Art. 223-15-2*), deux pratiques proches de l'escroquerie au préjudice de victimes particulièrement vulnérables que l'on pousse à commettre un acte qui leur est préjudiciable.

■ En dehors de toute infraction pénale, le consommateur peut assigner le vendeur devant les tribunaux civils pour demander l'annulation de la vente et/ou le versement de dommages et intérêts en cas de préjudice que la nullité de la transaction ne suffit pas à réparer.

Cette action judiciaire peut être fondée sur les articles suivants du Code civil :
– les articles 1130 et 1131 du Code civil : le vendeur a exercé des pressions sur l'acheteur pour le contraindre à signer le contrat (engagement signé sous la menace d'interrompre le séjour de personnes participant à un voyage : *Tribunal de grande instance de Bourges, 11/4/1989*) ;
– l'article 1137 du Code civil : des ruses ont été utilisées par le vendeur pour induire en erreur l'acheteur et l'amener ainsi à contracter (installateur affirmant faussement que le contrat d'entretien proposé est obligatoire de par la loi : *Cour de cassation, Chambre commerciale, 18/12/1986*). Le silence a été volontairement gardé par le vendeur sur des caractéristiques du produit ou du service que l'acheteur avait intérêt à connaître (garagiste dissimulant qu'une voiture a été accidentée : *Cour de cassation, Chambre commerciale, 4/2/1996*).

■ En dehors de tout vice du consentement, il est toujours possible d'assigner le professionnel pour manquement à son obligation générale d'information ou pour réparation de préjudice qu'il a causé :

– le manquement à l'obligation générale d'information s'établit sur la base de l'article L. 111-1 Code de la consommation. Un notaire a ainsi été condamné pour manquement à son devoir de conseil alors même que son client était accompagné de son propre conseil (*Cour de cassation, 1re chambre civile, 10/7/1995*) ;

– la réparation de préjudice s'effectue sur la base de l'article 1147 du Code civil qui oblige tout professionnel à réparer le préjudice qu'il cause à un acheteur si ce dernier subit un dommage du fait de l'inexécution du professionnel de son obligation de renseignement (par exemple, effets secondaires d'un médicament vendu par une pharmacie : *Cour de cassation, 1re chambre civile, 8/4/1986*).

✎ *Faute de contrat écrit et d'informations préalables sur le voyage, exigés par l'article L. 211-9 du Code du tourisme, une agence de voyage ne peut demander à un client le paiement d'un séjour effectué (Cour d'appel de Paris, 29/6/2001).*

✎ *Le non-respect des règles d'information et d'affichage peut être sanctionné par une amende civile depuis le 1/10/2014. Après avoir fait l'objet d'une injonction de la part des agents de la DGCCRF (Direction générale de la concurrence, de la consommation et de la répression des fraudes), si le professionnel ne respecte pas cette injonction, il encourt une amende administrative d'un montant de 1 500 € à 15 000 € (Code de la consommation, Art. L. 532-1).*

# Les ventes à distance et hors établissement

Les achats ne s'effectuent pas uniquement en magasin. Désormais, nous pouvons acquérir à peu près tout sans même quitter notre domicile. Mais qu'il s'agisse d'achat par correspondance, de commande en ligne ou de démarchage, toutes ces pratiques commerciales sont encadrées juridiquement.

## Les règles applicables aux achats à distance et hors établissement (démarchage)

En transposant la directive européenne du 25/10/2011, la loi n° 2014-344 du 17/3/2014 (dite « loi Hamon ») a réformé en profondeur la réglementation applicable aux contrats conclus à distance et par démarchage maintenant qualifiés de « contrats hors établissement ». Afin de mieux protéger les consommateurs, la loi renforce l'encadrement de ce type de contrats.

### Qu'est-ce qu'un achat à distance ?

L'achat à distance résulte d'un contrat conclu entre un professionnel et un consommateur, dans le cadre d'un système organisé de vente ou de prestation de service à distance, sans la présence simultanée du professionnel et du consommateur, par le recours exclusif à une ou plusieurs techniques de communication à distance jusqu'à la conclusion du contrat (*Code de la consommation, Art. L. 221-1*).

La vente à distance, qu'il s'agisse de vente par correspondance (VPC), par téléphone, par fax, par Internet ou par télé-achat, permet au consommateur d'éviter le déplacement sur les lieux d'achat. Le choix des produits s'effectue sans avoir à subir de pression d'un vendeur. Ce peut être une solution pratique en particulier pour les personnes âgées ou handicapées. Mais les avantages de cette méthode de vente sont parfois assortis d'inconvénients : retard de livraison, articles non conformes à la commande ou à la représentation qui en est faite, marchandises endommagées… Pour qui veut recourir à cette forme de vente, la connaissance de quelques règles permet de préserver au mieux ses intérêts.

L'offre de produits ou de services à distance est « multimodale ». La vente par correspondance, notamment sur catalogue, en très nette perte de vitesse, est aujourd'hui supplantée par de nouvelles méthodes à la faveur des évolutions technologiques et de leur diffusion au grand public : achats par Internet, par téléphone et par télé-achat.

### Qu'est-ce qu'un achat hors établissement ?

La notion de démarchage est désormais désignée sous la qualification européenne de « contrats hors établissement ». Il s'agit de

contrats conclus entre un professionnel et un consommateur effectués :
– soit dans un lieu qui n'est pas celui où le professionnel exerce son activité en permanence ou de manière habituelle, en présence des deux parties ;
– soit dans le lieu où le professionnel exerce son activité, immédiatement après que le consommateur a été sollicité personnellement et individuellement ailleurs que dans ce lieu et où les parties étaient présentes ;
– soit pendant une excursion organisée par le professionnel ayant pour but de promouvoir et de vendre des biens ou des services au consommateur (*Code de la consommation, Art. L. 221-1*) ;
– soit encore suite à l'envoi au domicile du consommateur d'une offre commerciale l'incitant à contracter. La Cour de cassation a ainsi jugé que l'envoi au domicile d'un particulier d'une offre promotionnelle l'incitant à acheter un véhicule neuf doit être considéré comme une pratique de démarchage à domicile, et cela même si l'acheteur s'est déplacé et a signé le contrat chez le concessionnaire automobile (*Cour de cassation, 1re chambre civile, 4/2/2015*).

✎ *Les dispositions particulières relatives aux achats hors établissement sont applicables y compris dans les cas où le consommateur prend l'initiative de solliciter le vendeur.*

Si le démarchage évite au consommateur d'avoir à se déplacer et permet de lui révéler l'existence ou l'intérêt d'un produit ou d'un service qu'il n'aurait pas acquis faute d'information à son sujet, il présente également de nombreux inconvénients. Pris à l'improviste, le consommateur peut être conduit à acquérir un bien ou un service sans réel besoin de consommation, ni connaissance du marché, en raison du discours particulièrement convaincant du démarcheur. C'est la raison pour laquelle le Code de la consommation a prévu des mesures pour informer et protéger le client démarché.

## LE DÉTOURNEMENT OU L'UTILISATION NON AUTORISÉE DE VOTRE CARTE BANCAIRE

Si des achats ont été effectués à distance par une personne ayant utilisé sans votre autorisation votre carte bancaire, sachez que vous pouvez être remboursé.

Voici ce que prévoit le Code monétaire et financier :

– La responsabilité du titulaire d'une carte bancaire n'est pas engagée si le paiement contesté a été effectué sans que le code confidentiel ait été utilisé ou si la carte ou les données qui lui sont liées ont été détournées ou contrefaites à son insu.

De même, sa responsabilité n'est pas engagée en cas de contrefaçon de sa carte et si, au moment de l'opération contestée, il était en possession physique de sa carte.

– En cas d'opération de paiement non autorisée signalée par l'utilisateur, la banque rembourse immédiatement au titulaire de la carte le montant de l'opération non autorisée et, le cas échéant, rétablit le compte débité dans l'état où il se serait trouvé si l'opération de paiement non autorisée n'avait pas eu lieu (*Code monétaire et financier, Art. L. 133-18*).

– Le délai légal pendant lequel le titulaire d'une carte de paiement ou de retrait a la possibilité de déposer une réclamation est fixé 13 mois suivant la date de débit (*Code monétaire et financier, Art. L. 133-24*).

Pour éviter d'être victime de ce type d'abus, ne laissez jamais traîner vos facturettes notamment lorsque vous retirez de l'argent liquide au distributeur automatique car votre numéro de carte bancaire (pas le code secret) y figure et il pourrait être utilisé pour effectuer des achats à distance.

### LES CONTRATS EXCLUS

La réglementation relative aux achats à distance et hors établissements ne s'applique pas aux types de contrats suivants :

– les contrats portant sur les services sociaux, y compris le logement social, l'aide à l'enfance et aux familles, à l'exception des services à la personne portant sur la garde d'enfants, l'assistance aux personnes âgés, aux personnes handicapées ou autres personnes qui ont besoin d'une aide personnelle à leur domicile ou d'une aide à la mobilité favorisant leur maintien à domicile, des services aux personnes à leur domicile relatifs aux tâches ménagères ou familiales ;

– les contrats portant sur les services de santé fournis par des professionnels de la santé aux patients pour évaluer, maintenir ou rétablir leur état de santé, y compris la prescription, la délivrance et la fourniture de médicaments et de dispositifs médicaux ;

– les contrats portant sur les jeux d'argent et de hasard, y compris les loteries, les jeux de casino et les transactions portant sur des paris ;

– les contrats portant sur les services financiers ;

– les contrats portant sur un forfait touristique ;

– les contrats portant sur les contrats d'utilisation de biens à temps partagé, les contrats de produits de vacances à long terme et les contrats de revente et d'échange de biens à temps partagé et de produits de vacances d'une durée de plus d'1 an ;

– les contrats rédigés par un officier public ;

– les contrats portant sur la fourniture de denrées alimentaires, de boissons ou d'autres biens ménagers de consommation courante, qui sont livrés physiquement par un professionnel lors de tournées fréquentes et régulières au domicile ou au lieu de résidence ou de travail du consommateur ;

– les contrats portant sur les services de transport de passagers, à l'exception de ceux conclus par voie électronique ;

– les contrats conclus au moyen de distributeurs automatiques ou de sites commerciaux automatisés ;

– les contrats conclus avec des opérateurs de télécommunications pour l'utilisation des cabines téléphoniques publiques ou aux fins d'une connexion unique par téléphone, internet ou télécopie ;

– les contrats portant sur la création, l'acquisition ou le transfert de biens immobiliers ou de droits sur des biens immobiliers, la construction d'immeubles neufs, la transformation importante d'immeubles existants ou la location d'un logement à des fins résidentielles (*Code de la consommation, Art. L. 221-2*).

## La protection du consommateur lors de la commande

Toute transaction commerciale suppose un contrat. En matière de VPC, ce document se limite à un bon de commande, découpé dans un catalogue, rempli et signé par le consommateur et adressé à l'entreprise. Mais la commande peut également être effectuée par téléphone ou via Internet. À ce stade de la transaction, le consommateur bénéficie d'une protection particulière quant à l'information dont il est destinataire. En effet, un certain nombre d'informations doivent être communiquées avant la commande au consommateur.

Certaines de ces informations sont communes aux contrats conclus hors établissement et aux contrats conclus à distance et le législateur les a regroupées sous le terme d'obligations d'information précontractuelle. D'autres s'appliquent distinctement selon qu'elles concernent les contrats conclus hors établissement ou les contrats conclus à distance.

## Les obligations d'information précontractuelle

Certaines informations doivent être communiquées au consommateur, préalablement à la conclusion d'un contrat de vente ou de fourniture de service, de manière lisible et compréhensible.

Elles concernent :

– les informations rendues obligatoires par les articles L. 111-1 et L. 111-2 du Code de la consommation qui mettent à la charge de tous les professionnels une obligation d'information du consommateur, avant la conclusion du contrat, sur les caractéristiques essentielles du bien ou du service (éléments quantitatifs et qualitatifs), sur la période pendant laquelle les pièces détachées seront disponibles s'il s'agit d'une marchandise manufacturée, sur les prix et les conditions particulières de la vente. Le professionnel doit également informer le consommateur, le cas échéant, sur les garanties légales et les garanties contractuelles ainsi que sur la possibilité de recourir à un médiateur de la consommation en cas de litige ;

– les informations relatives au droit de rétractation : lorsqu'il existe, les conditions, le délai et les modalités d'exercice de ce droit, accompagnées d'un formulaire type de rétractation ; lorsqu'il n'existe pas, l'information selon laquelle le consommateur n'en bénéficie pas ou, le cas échéant, les circonstances dans lesquelles le consommateur perd son droit de rétractation ;

– l'information, le cas échéant, sur le fait que le consommateur supporte les frais de renvoi en cas de rétractation et, pour les contrats à distance, le coût de renvoi du bien lorsque celui-ci, en raison de sa nature, ne peut être renvoyé par la poste ;

– l'information sur l'obligation du consommateur de payer des frais lorsque celui-ci exerce son droit de rétractation d'un contrat de prestation de services, de distribution d'eau, de fourniture de gaz ou d'électricité et d'abonnement à un réseau de chauffage urbain dont il a demandé expressément l'exécution avant la fin du délai de rétractation ;

– les informations relatives aux coordonnées du professionnel, le cas échéant aux coûts de l'utilisation de la technique de communication à distance, à l'existence de codes de bonne conduite, le cas échéant aux cautions et garanties, aux modalités de résiliation, aux modes de règlement des litiges et aux autres conditions contractuelles (*Code de la consommation, Art. L. 221-5*).

C'est au professionnel d'apporter la preuve qu'il a bien respecté ses obligations.

## Les dispositions particulières applicables aux contrats conclus hors établissement (démarchage)

Dans le cas d'un contrat conclu hors établissement, le professionnel doit fournir au consommateur, sur papier ou, avec l'accord de ce dernier, sur un autre support durable (par cd-rom ou téléchargement, par exemple), les informations précontractuelles. Ces informations doivent être rédigées de manière lisible et compréhensible.

Il doit également fournir au consommateur un exemplaire du contrat sur papier signé par les parties ou, avec l'accord du consommateur, sur un autre support durable, confirmant l'accord exprès des parties. Ce contrat comporte toutes les informations précontractuelles sous peine de nullité.

> ✎ *Le Code de la consommation donne la définition de « support durable » : il s'agit de « tout instrument permettant au consommateur ou au professionnel de stocker des informations qui lui sont adressées personnellement afin de pouvoir s'y reporter ultérieurement pendant un laps de temps adapté aux fins auxquelles les informations sont destinées et qui permet la reproduction à l'identique des informations stockées » (Code de la consommation, Art. L. 221-1).*

Le contrat mentionne, le cas échéant, l'accord exprès du consommateur pour la fourniture d'un contenu numérique indépendant de tout support matériel avant l'expiration du délai de rétractation et, dans cette hypothèse, le renoncement du consommateur à l'exercice de son droit de rétractation.

Le contrat doit être accompagné d'un formulaire type de rétractation.

Le professionnel ne peut recevoir aucun paiement ou aucune contrepartie, sous quelque forme que ce soit, de la part du consommateur avant l'expiration d'un délai de 7 jours à compter de la conclusion du contrat.

Toutefois ne sont pas soumis à cette interdiction :

– la souscription à domicile d'un abonnement à une publication quotidienne et assimilée ;

– les contrats à exécution successive ayant pour objet la fourniture de services à la personne (garde d'enfants, assistance aux personnes âgées, aux personnes handicapées…) ;

– les contrats conclus au cours de réunions organisées par le vendeur à son domicile ou au domicile d'un consommateur ayant préalablement et expressément accepté que cette opération se déroule chez lui ;

– les contrats ayant pour objet des travaux d'entretien ou de réparation à réaliser en urgence au domicile du consommateur et expressément sollicités par lui, dans la limite des pièces de rechange et travaux strictement nécessaires pour répondre à l'urgence (*Code de la consommation, Art. L. 221-8 à L. 221-10*).

☺ **AVANTAGE**

En cas de souscription à domicile d'un abonnement à une publication et de services à la personne, le consommateur dispose d'un droit de résiliation du contrat à tout moment et sans préavis, frais ou indemnité et d'un droit au remboursement, dans un délai de quinze jours, des sommes versées au prorata de la durée du contrat restant à courir.

## Les dispositions particulières applicables aux contrats à distance

Dans le cas d'un contrat conclu à distance, le professionnel doit fournir au consommateur, de manière lisible et compréhensible, les informations relatives aux obligations d'information précontractuelle ou les met à sa disposition par tout moyen adapté à la technique de communication à distance utilisée.

Lorsque cette technique impose des limites d'espace ou de temps pour la présentation des informations, le professionnel doit au moins fournir au consommateur, avant la conclusion du contrat, les informations relatives aux caractéristiques essentielles des biens ou des services, à leur prix, à son identité, à la durée du contrat et au droit de rétractation.

Dans un délai raisonnable, le professionnel doit donner au consommateur, sur support durable, après la conclusion du contrat et au plus tard au moment de la livraison du bien ou avant le début de l'exécution du service, la confirmation du contrat comprenant toutes les informations relatives aux obligations d'information précontractuelle (sauf si le professionnel les lui a déjà fournies avant la conclusion du contrat).

Le contrat est accompagné d'un formulaire type de rétractation dont le modèle figure en annexe de l'article R. 221-1 du Code de la consommation (*Décret n° 2014-1061 du 17/9/2014*).

Pour les contrats conclus par voie électronique, le professionnel rappelle au consommateur, avant qu'il ne passe sa commande, de manière lisible et compréhensible, les informations relatives aux caractéristiques essentielles des biens ou des services qui font l'objet de la commande, à leur prix et à la durée du contrat.

Le professionnel veille à ce que le consommateur, lors de sa commande, reconnaisse explicitement son obligation de paiement. À cette fin, la fonction utilisée par le consommateur pour valider sa commande comporte, sous peine de nullité, la mention claire et lisible : « commande avec obligation de paiement » (ou une formule analogue dénuée de toute ambiguïté). Les sites de commerce en ligne doivent indiquer clairement et lisiblement, dès le début du processus de commande, les moyens de paiement acceptés par le professionnel et les éventuelles restrictions de livraison.

Le professionnel est responsable de la bonne exécution des obligations résultant du contrat conclu à distance, que ces obligations soient exécutées par lui ou par d'autres prestataires de services. Il peut toutefois s'exonérer de tout ou partie de sa responsabilité en apportant la preuve que l'inexécution ou la mauvaise exécution du contrat est imputable soit au consommateur, soit au fait, imprévisible et insurmontable, d'un tiers au contrat, soit à un cas de force majeure (*Code de la consommation, Art. L. 221-11 à L. 221-15*).

## Les dispositions particulières applicables au démarchage téléphonique

### Les obligations du professionnel

Le professionnel qui contacte un consommateur par téléphone en vue de conclure ou de modifier un contrat portant sur la vente d'un bien ou sur la fourniture d'un service doit indiquer au début de la conversation son identité et, le cas échéant, l'identité de la personne pour le compte de laquelle il effectue cet appel. Il doit aussi préciser la nature commerciale de celui-ci.

À la suite de ce démarchage téléphonique, le professionnel doit adresser au consommateur, sur papier ou sur support durable, une confirmation de l'offre qu'il a faite et reprenant toutes les informations précontractuelles obligatoires.

Le consommateur n'est engagé par cette offre qu'après l'avoir signée et acceptée par écrit ou avoir donné son consentement par voie électronique (*Code de la consommation, Art. L. 221-16*).

> ✎ *Lorsqu'un professionnel contacte un consommateur par téléphone, l'utilisation d'un numéro masqué est interdite (Code de la consommation, Art. L. 221-17).*

### L'opposition au démarchage téléphonique

Le consommateur qui ne souhaite pas faire l'objet de prospection commerciale peut gratuitement s'inscrire sur une liste d'opposition au démarchage téléphonique et il est interdit à un professionnel, directement ou par l'intermédiaire d'un tiers agissant pour son compte, de démarcher téléphoniquement un consommateur inscrit sur cette liste, sauf en cas de relations contractuelles préexistantes.

Le consommateur peut ainsi s'inscrire en ligne sur la liste d'opposition Bloctel (*www.bloctel.gouv.fr*) depuis le 1/6/2016 : ce faisant, il demande à ne pas être démarché par les professionnels à qui il n'a pas donné son consentement préalable.

Par ailleurs, l'interdiction de démarcher téléphoniquement un consommateur inscrit sur la liste d'opposition ne s'applique pas à la prospection en vue de la fourniture de journaux, de périodiques ou de magazines.

Lorsqu'un professionnel est amené à recueillir auprès d'un consommateur des données téléphoniques, il doit l'informer de son droit à s'inscrire sur la liste d'opposition au démarchage téléphonique. Lorsque ce recueil d'information se fait à l'occasion de la conclusion d'un contrat, celui-ci mentionne de manière claire et compréhensible, l'existence de ce droit pour le consommateur.

Tout manquement à ces dispositions est passible d'une amende administrative dont le montant peut aller jusqu'à 15 000 € pour une personne physique et 75 000 € pour une personne morale (*Code de la consommation, Art. L. 242-16*).

✎ *La location ou la vente de fichiers contenant des données téléphoniques et comportant les coordonnées d'un ou plusieurs consommateurs inscrits sur la liste d'opposition au démarchage téléphonique est interdite.*

**PROSPECTION DIRECTE PAR AUTOMATE D'APPEL, FAX, COURRIER ÉLECTRONIQUE**

La prospection directe consiste dans l'envoi de tout message destiné à promouvoir, directement ou indirectement, des biens, des services ou l'image d'une personne vendant des biens ou fournissant des services.

Il est interdit de faire de la prospection directe au moyen d'un automate d'appel, d'un télécopieur ou d'un courrier électronique en utilisant, sous quelque forme que ce soit, les coordonnées d'une personne physique si celle-ci n'a pas donné son accord pour recevoir des prospections directes par ce moyen.

Toutefois, la prospection directe par courrier électronique est autorisée si les trois conditions suivantes sont réunies :

– le destinataire a déjà donné ses coordonnées (dans le respect des dispositions de la loi du 6/1/1978 relative à l'informatique, aux fichiers et aux libertés) à l'occasion d'une vente ou d'une prestation de services ;

– il est contacté pour des produits ou services analogues qui lui sont fournis par la même personne physique ou morale ;

– on lui donne la possibilité de s'opposer de manière simple expresse, dénuée d'ambiguïté et sans frais à l'utilisation de ses coordonnées.

Dans tous les cas, il est interdit de dissimuler l'identité de la personne pour le compte de laquelle la communication est émise et de mentionner un objet sans rapport avec la prestation ou le service proposé (*Code des postes et des communications électroniques, Art. L. 34-5*).

**Bon à savoir :** dans tous les cas de prospection directe, le destinataire du message peut s'opposer à recevoir ces communications sur simple demande. À cet égard, la CNIL a infligé à une société une sanction de 30 000 € après l'avoir mise en demeure « de prendre en compte, de manière efficace, systématique et immédiate, le droit d'opposition à recevoir de la prospection commerciale », mise en demeure qui était restée sans effet.

**À noter :** si la prospection par courrier électronique s'effectue dans le cadre professionnel, elle n'est pas soumise au consentement préalable des personnes prospectées lorsque le message leur est envoyé au titre de la fonction qu'elles exercent dans l'organisme privé ou public qui leur a attribué cette adresse (*CNIL, décision du 17/2/2005*).

## *L'information sur les prix*

La publicité des prix est réglementée et le prix de tout produit ou de toute prestation de services proposé au consommateur selon une technique de consommation à distance doit être indiqué toutes taxes comprises (TTC), de façon précise au consommateur, avant la conclusion du contrat. De même, toute publicité comportant une réduction de prix doit obéir aux conditions fixées par l'arrêté du 11/3/2015 relatif aux annonces de réduction de prix à l'égard du consommateur. Il revient au professionnel, en cas de litige ultérieur sur le montant du prix initialement annoncé, de prouver que le client a bien été informé du prix et des frais éventuels de livraison, et ce par tout moyen (courrier, enregistrement…).

Les tribunaux apprécient l'obligation d'information en « fonction de la compétence de l'acheteur sur le plan technique » (*Cour de cassation, Chambre commerciale, 6/5/1992*).

✎ *Il est à noter que le prix demandé pour un produit ne peut être que celui figurant dans le catalogue ou lors de l'achat par téléphone ou par Internet ; il ne saurait varier durant la période de validité du catalogue ou entre la commande et la livraison au cas où le paiement dudit article est réalisé contre-remboursement. À défaut, l'infraction de publicité trompeuse peut être retenue par le tribunal correctionnel à la suite d'une plainte formulée par un consommateur.*

## La protection du consommateur lors de la livraison

Les entreprises de vente à distance mentionnent le plus souvent un délai pour la livraison des biens commandés dans leurs offres, mais généralement de manière indicative. Cette clause est abusive et ne saurait lier le consommateur. Si le vendeur manque à son engagement dans les délais convenus, fussent-ils indicatifs, le consommateur peut, à son choix, demander l'annulation de la vente ou sa mise en possession par une action en justice en ce sens (*Code civil, Art. 1610*).

■ Le vendeur doit livrer le bien ou fournir le service à la date ou dans le délai indiqué au consommateur, à moins que les parties n'en aient décidé autrement. À défaut d'indication ou d'accord, le vendeur doit livrer le bien ou exécuter la prestation sans retard injustifié et au plus tard 30 jours après la conclusion du contrat (*Code de la consommation, Art. L. 216-1*).

■ Lorsque la livraison n'est pas intervenue à la date fixée dans le contrat ou à l'expiration du délai de 30 jours, la loi offre la possibilité à l'acheteur de dénoncer le contrat sans avoir à saisir la justice. Il suffit d'adresser au vendeur une lettre recommandée avec demande d'avis de réception l'informant de la décision de rompre le contrat si le vendeur n'effectue pas la livraison dans un délai supplémentaire raisonnable. Le contrat est considéré comme rompu à la réception par le vendeur de la lettre l'informant de cette résolution, à moins que le vendeur ne se soit exécuté entre-temps.

Par ailleurs, le consommateur peut immédiatement résilier le contrat lorsque le professionnel refuse de livrer le bien ou de fournir le service ou lorsqu'il n'exécute pas son obligation à la date ou à l'expiration du délai de 30 jours et que cette date ou ce délai constitue pour le consommateur une condition essentielle du contrat. Cette condition essentielle résulte des circonstances lors de la conclusion du contrat ou d'une demande expresse du consommateur avant la conclusion du contrat (*Code de la consommation, Art. L. 216-2*).

■ Lorsque le contrat est rompu dans les conditions exposées ci-dessus, le vendeur doit rembourser le consommateur de la totalité des sommes versées, au plus tard dans les 14 jours suivant la date à laquelle le contrat a été dénoncé. La somme versée par le consommateur est majorée de 10 % si le remboursement intervient au plus tard 30 jours après cette date, de 20 % jusqu'à 60 jours et de 50 % ultérieurement (*Code de la consommation, Art. L. 216-3*).

■ Aucun frais de livraison ne doit être réclamé au consommateur en plus du prix de la commande à moins que le consommateur n'en ait été averti. Les frais de livraison sont réputés couverts par le prix de la commande et le professionnel ne saurait les réclamer par la suite.

■ Le consommateur doit impérativement vérifier l'état du bien livré. En effet, il assume tout risque de perte ou d'endommagement du bien à partir du moment où lui-même ou un tiers désigné par lui, et autre que le transporteur proposé par le professionnel, prend physiquement possession du bien. Il en va de même lorsque le consommateur confie la livraison du bien à un transporteur autre que celui proposé par le professionnel (*Code de la consommation, Art. L. 216-4 et L. 216-5*).

✎ *Il ne faut jamais signer un bon de livraison sans avoir, au préalable, vérifié la marchandise livrée.*

✎ *Si une société de vente à distance vous réclame le paiement d'articles commandés mais non reçus, il revient à la société concernée d'apporter la preuve de la livraison par le transporteur choisi (La Poste ou un transporteur privé) (Code civil, Art. 1353).*

# Le droit de rétractation

## *Le délai de rétractation*

Le consommateur dispose d'un délai de 14 jours pour exercer son droit de rétractation d'un contrat conclu à distance, à la suite d'un démarchage téléphonique ou hors établissement, sans avoir à justifier ou à motiver sa décision. Il n'a pas non plus à supporter d'autres coûts que ceux résultant des frais de renvoi du bien, à condition que le vendeur l'ait informé, lors de la conclusion du contrat que ces frais seraient à sa charge (*Code de la consommation, Art. L. 221-18 et L. 221-23*).

Lorsque les informations relatives au droit de rétractation n'ont pas été fournies au consommateur dans le cadre des informations précontractuelles, le délai de rétractation est prolongé de 12 mois à compter de l'expiration du délai de 14 jours. Toutefois, lorsque les informations relatives au droit de rétractation sont données pendant la prolongation de 12 mois, le délai de rétractation expire au terme d'une période de 14 jours à compter du jour où le consommateur a reçu ces informations (*Code de la consommation, Art. L. 221-20*).

Le délai de 14 jours court à compter du jour :

– de la conclusion du contrat pour les contrats de prestation de services ;

– ou de la réception du bien par le consommateur pour les contrats de vente de biens. Pour les contrats conclus suite à un démarchage à domicile, le consommateur peut exercer son droit de rétractation dès la conclusion du contrat.

Dans le cas d'une commande portant sur plusieurs biens livrés séparément ou dans le cas d'une commande d'un bien composé de lots ou de pièces multiples dont la livraison est échelonnée sur une période définie, le délai court à compter de la réception du dernier lot ou de la dernière pièce. Pour les contrats prévoyant la livraison régulière de biens pendant une période définie, le délai court à compter de la réception du premier bien (*Code de la consommation, Art. L. 221-18*).

✎ *Toute clause par laquelle le consommateur, lors de la conclusion du contrat ou ultérieurement, déclarerait abandonner son droit de rétractation est nulle (Code de la consommation, Art. L. 242-3).*

## *Les conditions d'exercice du droit de rétractation*

S'il veut se rétracter, le consommateur doit informer le vendeur de sa décision en lui adressant, dans un délai de 14 jours, le formulaire de rétractation qui lui a obligatoirement été remis ou communiqué avant la conclusion du contrat ou toute autre déclaration, dépourvue d'ambiguïté, exprimant sa volonté de se rétracter. Le vendeur peut également permettre au consommateur de remplir et de transmettre en ligne sur son site Internet, le formulaire ou la déclaration de rétractation. Dans ce cas, il doit communiquer, sans délai, au consommateur un accusé de réception sur un support durable (*Code de la consommation, Art. L. 221-21*). Un formulaire type de rétractation est désormais disponible : il est publié en annexe de l'article R. 221-1 du Code de la consommation (*Décret n° 2014-1061 du 17/9/2014*).

Le consommateur doit renvoyer ou restituer les biens au vendeur, sans retard excessif et au plus tard dans les 14 jours suivant la communication de sa décision de se rétracter, à moins que le vendeur ne propose de récupérer lui-même ces biens. Il ne supporte que les coûts directs de renvoi des biens, sauf si le vendeur accepte de les prendre à sa charge ou s'il a omis d'informer le consommateur que ces coûts sont à sa charge. Toutefois, pour les contrats conclus hors établissement, lorsque les biens sont livrés au domicile du consommateur lors de la conclusion du contrat, le vendeur récupère les biens à ses frais s'ils ne peuvent pas être renvoyés normalement par voie postale en raison de leur nature (*Code de la consommation, Art. L. 221-23*).

✎ *En cas de contestation, le consommateur doit rapporter la preuve qu'il a exercé son droit de rétractation. Lorsqu'il restitue les biens, sa responsabilité ne peut être engagée qu'en cas de dépréciation de ces biens résultant de manipulations inadéquates.*

## Les conséquences de l'exercice du droit de rétractation

Le vendeur est tenu de rembourser le consommateur de la totalité des sommes versées, y compris les frais de livraison, sans retard injustifié et au plus tard dans les 14 jours à compter de la date à laquelle il est informé de la décision de rétractation. Cependant, pour les contrats de vente de biens, à moins qu'il ne propose de les récupérer lui-même, le vendeur peut différer le remboursement jusqu'à leur récupération ou jusqu'à ce que le consommateur ait fourni une preuve de leur expédition.

Le vendeur effectue le remboursement en utilisant le même moyen de paiement que celui utilisé par le consommateur pour la transaction initiale, sauf accord exprès du consommateur pour qu'il utilise un autre moyen de paiement et dans la mesure où le remboursement n'entraîne pas de frais pour le consommateur.

Si le remboursement intervient au-delà du délai de 14 jours, les sommes dues sont majorées :

– du taux d'intérêt légal si le remboursement survient au plus tard 10 jours après l'expiration du délai ;

– de 5 % si le retard est compris entre 10 et 20 jours ;

– de 10 % si le retard est compris entre 20 et 30 jours ;

– de 20 % si le retard est compris entre 30 et 60 jours ;

– de 50 % si le retard est compris entre 60 et 90 jours ;

– et de 5 % supplémentaires par nouveau mois de retard jusqu'au prix du produit, puis du taux d'intérêt légal (*Code de la consommation, Art. L. 242-4*).

En cas de prestation de services (distribution d'eau ou de gaz, par exemple), si le consommateur souhaite que l'exécution de la prestation commence avant la fin du délai de rétractation, le vendeur recueille sa demande expresse sur papier ou sur support durable. Si le consommateur exerce ultérieurement son droit de rétractation, il doit verser au vendeur un montant correspondant au service fourni jusqu'à la communication de sa décision de se rétracter. Toutefois, aucune somme n'est due si sa demande expresse de début d'exécution n'a pas été recueillie ou si le vendeur n'a pas respecté son obligation d'information quant au payement des frais en cas d'exercice de son droit de rétractation d'un contrat de prestation de services dont il a demandé expressément l'exécution avant la fin du délai de rétractation (*Code de la consommation, Art. L. 221-25*).

Le consommateur qui exerce son droit de rétractation d'un contrat de fourniture de contenu numérique non fourni sur un support matériel n'est redevable d'aucune somme si le vendeur n'a pas recueilli son accord préalable exprès pour l'exécution du contrat avant la fin du délai de rétractation ou si le contrat ne reprend pas les dispositions particulières applicables aux contrats conclus hors établissement et à distance pour la fourniture d'un contenu numérique (*Code de la consommation, Art. L. 221-26*).

> ✎ *Tout manquement aux règles applicables au droit de rétractation peut être sanctionné par une amende dont le montant est fixé à 15 000 € pour une personne physique et 75 000 € pour une personne morale (Code de la consommation, Art. L. 242-13).*

### Les contrats exclus du droit de rétractation

Le droit de rétractation ne peut être exercé pour les contrats :

– de fourniture de services pleinement exécutés avant la fin du délai de rétractation et dont l'exécution a commencé après accord préalable exprès du consommateur et renoncement exprès à son droit de rétractation ;

– de fourniture de biens ou de services dont le prix dépend de fluctuations sur le marché financier échappant au contrôle du professionnel et susceptibles de se produire pendant le délai de rétractation ;

– de fourniture de biens confectionnés selon les spécifications du consommateur ou nettement personnalisés ;

– de fourniture de biens susceptibles de se détériorer ou de se périmer rapidement ;

– de fourniture de biens qui ont été descellés par le consommateur après la livraison et qui ne peuvent être renvoyés pour des raisons d'hygiène ou de protection de la santé ;

– de fourniture de biens qui, après avoir été livrés et de par leur nature, sont mélangés de manière indissociable avec d'autres articles ;
– de fourniture de boissons alcoolisées dont la livraison est différée au-delà de 30 jours et dont la valeur convenue à la conclusion du contrat dépend de fluctuations sur le marché échappant au contrôle du professionnel ;
– de travaux d'entretien ou de réparation à réaliser en urgence au domicile du consommateur et expressément sollicités par lui, dans la limite des pièces de rechange et travaux strictement nécessaires pour répondre à l'urgence ;
– de fourniture d'enregistrements audio ou vidéo ou de logiciels informatiques lorsqu'ils ont été descellés par le consommateur après la livraison ;
– de fourniture d'un journal, d'un périodique ou d'un magazine, sauf pour les contrats d'abonnement à ces publications ;
– conclus lors d'une enchère publique ;
– de prestations de services d'hébergement, autres que d'hébergement résidentiel, de services de transport de biens, de locations de voitures, de restauration ou d'activités de loisirs qui doivent être fournis à une date ou à une période déterminée ;
– de fourniture d'un contenu numérique non fourni sur un support matériel dont l'exécution a commencé après accord préalable exprès du consommateur et renoncement exprès à son droit de rétractation (*Code de la consommation, Art. L. 221-28*).

> ✎ *L'envoi d'une marchandise à un consommateur sans commande préalable constitue une vente forcée prohibée par le Code de la consommation et réprimée par le Code pénal.*

## Les réglementations particulières

Il existe des contrats spécifiques de vente à distance pour lesquels certaines règles particulières s'appliquent.

# La vente à distance de services financiers

La vente à distance de services financiers (produits financiers, bancaires et d'assurance) fait l'objet d'une réglementation spécifique dans le Code de la consommation, destinée à protéger le consommateur (*Code de la consommation, Art. L. 222-1 à L. 222-18*). Le consommateur vivant en France bénéficie des mêmes droits lorsqu'il conclue, à distance, un contrat portant sur un service financier, que l'établissement financier soit installé en France ou dans un autre État membre.

## *L'information pré-contractuelle du consommateur*

Le consommateur doit recevoir, par écrit ou sur tout autre support durable et auquel il a accès en temps utile et avant tout engagement, les conditions contractuelles ainsi que les informations concernant :

– l'identité et les coordonnées du professionnel (ou de toute personne agissant pour son compte). Plus précisément, doivent ainsi être communiqués l'identité du fournisseur de services financiers, son activité principale, l'adresse géographique à laquelle celui-ci est établi, ainsi que toute autre adresse nécessaire au suivi des relations entre le consommateur et le fournisseur. Lorsque le fournisseur utilise les services d'un représentant ou d'un intermédiaire, il communique également au consommateur l'identité et l'adresse de ce dernier.

Lorsque le fournisseur est inscrit au Registre du commerce et des sociétés, il communique au consommateur son numéro d'immatriculation. En outre, les personnes soumises à agrément doivent communiquer les coordonnées des autorités chargées de leur contrôle ;

– les documents d'information particuliers relatifs aux produits, instruments financiers et services proposés requis par les dispositions législatives et réglementaires en vigueur ou bien, en l'absence de tels documents, une note d'information sur chacun des produits, instruments financiers et services proposés en indiquant, s'il y a lieu, les risques particuliers inhérents aux produits proposés (fluctuations des marchés financiers, le fait que les performances passées ne laissent pas présager des performances futures…) ;

– les conditions de l'offre contractuelle, notamment le prix total effectivement dû par le consommateur (incluant l'ensemble des commissions, charges, dépenses y afférentes, ainsi que les taxes acquittées), ou, lorsqu'un prix exact ne peut être indiqué, la base de calcul du prix permettant au consommateur de le vérifier, les modalités selon lesquelles sera conclu le contrat et en particulier le lieu et la date de signature de celui-ci ;

– l'existence du droit de rétractation de 14 jours (30 jours pour l'assurance-vie) sans avoir à supporter de pénalités ni à justifier d'un motif, ainsi que ses modalités d'exercice ;

– la loi applicable au contrat et la juridiction compétente (*Code de la consommation, Art. L. 222-5*).

> ✎ *Le fournisseur doit préciser au consommateur, le cas échéant, d'une part, que le service financier est lié à des instruments qui impliquent des risques particuliers du fait de leurs spécificités ou des opérations à exécuter ou dont le prix dépend de fluctuations des marchés financiers sur lesquelles le fournisseur n'a aucune influence et, d'autre part, que les performances passées ne laissent pas présager des performances futures (Code de la consommation, Art. R. 222-1).*

Ces informations, dont le caractère commercial doit apparaître sans équivoque, sont fournies de manière lisible et compréhensible par tout moyen adapté à la technique de commercialisation à distance. En cas de communication par téléphonie vocale, l'identité du fournisseur et le caractère commercial de l'appel dont le fournisseur a pris l'initiative sont indiqués sans équivoque au début de toute conversation avec le consommateur.

Le fournisseur peut remplir ces obligations en envoyant au consommateur un document unique.

> ✎ *S'il ne remplit pas son obligation d'information pré-contractuelle, le fournisseur risque une amende de 1 500 €.*

**L'INFORMATION DU CONSOMMATEUR LORS DE L'OFFRE D'UN CRÉDIT RENOUVELABLE**

Depuis le 17/12/2015, que l'offre soit faite sur le lieu de vente ou à distance, pour les achats de biens ou de prestations de services supérieurs à 1 000 €, des informations doivent être données au consommateur afin de lui permettre de comparer de façon claire l'offre de crédit renouvelable avec la proposition alternative de crédit amortissable qui doit l'accompagner.

La comparaison entre les deux crédits porte sur le fonctionnement, le coût et les modalités d'amortissement selon au moins deux hypothèses de délai de remboursement. Les informations doivent être présentées conformément à un modèle publié en annexe de l'article D. 312-26 du Code de la consommation (*Décret n° 2015-293 du 16/3/2015*).

### L'information du consommateur au cours de la relation contractuelle

À tout moment au cours de la relation contractuelle et à condition d'en faire la demande, le consommateur a le droit de recevoir les conditions contractuelles sur un support papier, y compris lorsque la relation avec le fournisseur a été établie par voie électronique (*Code de la consommation, Art. L. 222-6*).

### L'exécution du contrat

Sauf accord exprès du consommateur, le contrat ne peut commencer à être exécuté qu'à l'expiration du délai de rétractation (exception faite des contrats de crédit à la consommation, qui bénéficient de dispositions particulières) (*Code de la consommation, Art. L. 222-13*).

Le fournisseur informe également le consommateur du droit, pour chacun, de résilier le contrat, sans oublier d'indiquer les éventuelles pénalités dans ce cas prévues au contrat.

## Le commerce en ligne

Le développement d'Internet permet aux consommateurs qui s'y connectent d'acquérir des produits à distance y compris auprès d'entreprises étrangères et de les régler en ligne avec une carte de paiement. Cette forme de commerce présente de réels avantages en terme de choix et en terme de coût, dès lors qu'il est possible à l'aide d'outils de recherche de comparer les prix des produits vendus et de les trouver là où ils sont offerts à moindre prix. Elle permet également pour ceux qui le désirent de trouver des produits qui ne sont pas commercialisés en France.

### La législation

La transaction électronique est assimilée à un contrat classique de vente à distance, l'offre et l'acceptation se produisant sur le réseau. Le législateur a encadré le commerce électronique dans la loi n° 2004-575 du 21/6/2004 sur la confiance dans l'économie numérique qui a été complétée par l'ordonnance n° 2005-674 du 16/6/2005 relative à l'accomplissement de certaines formalités contractuelles par voie électronique.

■ **Comment se définit le commerce électronique ?**

La loi du 21/6/2004 sur la confiance dans l'économie numérique définit le commerce électronique comme l'activité économique par laquelle une personne propose ou assure à distance et par voie électronique la fourniture de biens ou de services. L'activité de commerce électronique ne recouvre pas seulement les achats sur Internet, mais aussi l'ensemble des services accessibles par voie électronique (fourniture d'informations en ligne, communications commerciales, accès et récupération de données...), même lorsqu'ils ne sont pas rémunérés par ceux qui les reçoivent (*Loi n° 2004-575 du 21/6/2004, Art. 14*).

La voie électronique peut aussi être utilisée pour mettre à la disposition du consommateur des conditions contractuelles ou des informations sur des biens ou services (*Code civil, Art. 1125*). Mais attention : la transmission par la voie électronique n'est possible que si le destinataire en a accepté l'usage (*Code civil, Art. 1126*).

### ■ Quelles sont les obligations du vendeur ?

L'article 1127-1 du Code civil oblige le vendeur qui propose ses produits ou services, par voie électronique, à mettre à disposition les stipulations contractuelles applicables d'une manière qui permette leur conservation et leur reproduction.

L'offre doit énoncer en outre :

– les différentes étapes à suivre pour conclure le contrat par voie électronique ;

– les moyens techniques permettant au destinataire de l'offre, avant la conclusion du contrat, d'identifier d'éventuelles erreurs commises dans la saisie des données et de les corriger ;

– les langues proposées pour la conclusion du contrat au nombre desquelles doit figurer la langue française ;

– le cas échéant, les modalités d'archivage du contrat par l'auteur de l'offre et les conditions d'accès au contrat archivé ;

– les moyens de consulter par voie électronique les règles professionnelles et commerciales auxquelles l'auteur de l'offre entend, le cas échéant, se soumettre.

> ✎ *Le vendeur est lié par son offre de produits ou de services tant qu'elle reste accessible par voie électronique, de son fait (Code civil, Art. 1127-1).*

> ✎ *Toute publicité comportant une réduction de prix doit obéir aux conditions fixées par l'arrêté du 11/3/2015 relatif aux annonces de réduction de prix à l'égard du consommateur.*

Si un professionnel a donné son adresse électronique, il ne peut refuser de recevoir des informations par ce moyen (*Code civil, Art. 1127*).

### ■ Comment est protégé l'acheteur ?

Pour que le contrat soit valable, le consommateur doit avoir eu la possibilité de vérifier le détail de sa commande et son prix total et de corriger d'éventuelles erreurs avant de confirmer celle-ci pour exprimer son acceptation définitive.

L'auteur de l'offre doit accuser réception sans délai injustifié, par voie électronique, de la commande qui lui a été adressée.

La commande, la confirmation de l'acceptation de l'offre et l'accusé de réception sont considérés comme reçus lorsque les parties auxquelles ils sont adressés peuvent y avoir accès (*Code civil, Art. 1127-2*).

Par ailleurs, le consommateur est également protégé par les dispositions du Code de la consommation relatives aux dispositions particulières applicables aux contrats conclus à distance, dont certaines visent expressément les contrats conclus par voie électronique. Le droit de rétractation s'applique également au commerce en ligne.

Lorsque le contrat porte sur une somme égale ou supérieure à 120 €, le professionnel est tenu de le conserver par écrit pendant un délai de 10 ans à compter de la conclusion du contrat et d'en garantir à tout moment l'accès au consommateur sur simple demande de sa part (*Code de la consommation, Art. L. 213-1*).

### Quelle est la responsabilité du vendeur ?

Le vendeur qui commercialise des produits ou services par voie électronique engage de plein droit sa responsabilité à l'égard du consommateur, en cas de manquement aux obligations résultant du contrat : peu importe que ces obligations soient à sa charge ou imputables à d'autres prestataires de services (il peut alors ensuite se retourner contre eux).

Toutefois, il peut s'exonérer totalement ou en partie de sa responsabilité s'il prouve que l'inexécution ou la mauvaise exécution du contrat est imputable soit au consommateur, soit au fait imprévisible et insurmontable d'un tiers au contrat, soit à un cas de force majeure (*Code de la consommation, Art. L. 221-15*).

### La signature électronique

Avant la loi du 21/6/2004, le législateur avait porté son attention sur la validité de la signature électronique. La loi n° 2000-230 du 13/3/2000 a révolutionné le droit de la preuve dans les relations professionnels-consommateurs. L'article 1359 du Code civil impose en effet la production d'un écrit quand une commande émane d'un particulier et porte sur un montant supérieur à 1 500 €. La loi du 13/3/2000 a pour objectif d'adapter ce droit de la preuve aux nouvelles technologies. Son dispositif admet en effet la possibilité de produire, à titre de preuve, un écrit sous forme électronique à condition :

– que la personne dont émane l'écrit électronique puisse être identifiée ;

– que les modes d'établissement et de conservation de cet écrit garantissent leur intégrité (*Code civil, Art. 1366*).

L'ordonnance n° 2005-674 du 16/6/2005 a précisé les exigences de forme que doivent remplir les écrits transmis sous forme électronique, pour avoir la même sécurité juridique qu'un support papier :

– si l'écrit sur papier est soumis à des exigences particulières en termes de lisibilité ou de présentation, l'écrit sous forme électronique doit répondre à des exigences équivalentes ;

– si le contrat comporte un formulaire détachable : un procédé électronique doit permettre d'accéder au formulaire et de le renvoyer par la même voie ;

– si l'écrit doit être fourni en plusieurs exemplaires, cette exigence est satisfaite sous forme électronique lorsque l'écrit peut être imprimé par le destinataire ;

– l'exigence d'une pluralité d'originaux est satisfaite pour les contrats sous forme électronique lorsque l'acte est établi et conservé conformément aux articles 1366 et 1367 du Code civil et que le procédé permet à chacun de disposer d'un exemplaire ou d'y avoir accès (*Code civil, Art. 1375*).

Par ailleurs, le décret n° 2001-272 du 30/3/2001 est intervenu pour préciser la notion de fiabilité en matière de signature électronique. Le système retenu est celui de la certification publique des dispositifs permettant l'émission de la signature électronique par un tiers. Il prévoit en effet la désignation d'organismes, agréés par le gouvernement, dont le rôle est de délivrer un certificat de conformité concernant le logiciel utilisé. Pour obtenir la certification, ce logiciel devra répondre à certaines exigences minimales (impossibilité de falsifier la signature ou de modifier le contenu de l'acte notamment). En France, plusieurs sociétés sont déjà spécialisées dans le domaine de la certification. Elles doivent répondre aux conditions posées par ce texte et par le décret n° 2002-535 du 18/4/2002 qui apporte des précisions s'agissant de la mise en œuvre de la signature électronique.

> ☺ **AVANTAGE**
>
> Le site Internet *www.lettrerecommandee.com* propose des solutions de preuves électroniques et de conservation de la preuve des contrats.
>
> La Poste a également mis en place un système d'envoi de lettre recommandée en ligne : *www.servicepostal.com*.

✎ *Une lettre simple relative à la conclusion ou à l'exécution d'un contrat peut être envoyée par voie électronique. L'apposition de la date d'expédition résulte d'un procédé électronique dont la fiabilité est présumée, jusqu'à preuve contraire (Code civil, Art. 1127-4).*
*Une lettre recommandée relative à la conclusion ou à l'exécution d'un contrat peut également être envoyée par courrier électronique à condition que ce courrier soit acheminé par un tiers selon un procédé permettant d'identifier le tiers, de désigner l'expéditeur, de garantir l'identité du destinataire et d'établir si la lettre a été remise ou non au destinataire.*
*Le contenu de cette lettre, au choix de l'expéditeur, peut être imprimé par le tiers sur papier pour être distribué au destinataire ou peut être adressé à celui-ci par voie électronique. Dans ce dernier cas, si le destinataire n'est pas un professionnel, il doit avoir demandé l'envoi par ce moyen ou en avoir accepté l'usage au cours d'échanges antérieurs.*
*Un avis de réception peut être adressé à l'expéditeur par voie électronique ou par tout autre dispositif lui permettant de le conserver (Code civil, Art. 1127-5).*

### Les sites étrangers

On peut être tenté (mais c'est dommage s'agissant d'Internet…) de ne s'adresser qu'à des sites français, compte tenu de la disparité des régimes nationaux dont peut relever le consommateur, qui n'appliquent pas tous un régime de protection comme le nôtre. Une directive européenne du 8/6/2000 (complétant la directive du 20/5/1997 sur la vente à distance) prévoit que la loi applicable au contrat est celle du pays où est établi le prestataire, ce qui n'est pas toujours favorable au consommateur. Mais ce dernier peut invoquer l'article 5 de la convention de Rome (convention sur la loi applicable aux obligations contractuelles ouverte à la signature à Rome le 19/6/1980) qui dispose qu'il peut bénéficier des dispositions de sa loi nationale si elles sont plus favorables.

## *Nos conseils*

– Ne commandez produits ou prestations de services que sur des sites connus jouissant d'une notoriété établie ;
– n'achetez que sur des sites sécurisés, c'est-à-dire offrant un dispositif de cryptage des informations nominatives et du numéro de carte bancaire circulant sur le réseau ;
– créer un numéro de carte bancaire virtuelle pour le paiement par Internet. Certaines banques fournissent à leur client, lors d'un achat sur Internet, un numéro de carte virtuel qui est valable pour un montant déterminé et une durée limitée (par exemple, 30 jours). Ce numéro est différent de celui de la carte initiale et s'il est capté, il ne pourra pas être utilisé si le consommateur en a déjà fait usage ;
– limitez-vous à des sites français ou en tout cas à des sites qui ne présentent aucun caractère exotique ou licencieux (casino virtuel, sites pornographiques…). Attention : un site en « .fr » n'est pas nécessairement français. Pour s'en assurer, il faut vérifier l'adresse de l'entreprise dans les « Mentions légales » ;
– n'oubliez pas que tout ce qui est à vendre n'est pas forcément à acheter : le droit français interdit la vente en ligne de certains médicaments alors même que ce produit est autorisé aux États-Unis et vendu sur Internet. Sachez, en cas d'achat d'un produit à l'étranger, que les marchandises transitent obligatoirement par le service des Douanes et que ce dernier a la possibilité d'ouvrir un colis suspect et de réclamer à son destinataire la TVA ;
– imprimez et conservez une copie des conditions générales de vente ainsi que de votre facture et de votre bon de livraison afin de faire valoir vos droits en cas de litige.

☺ **AVANTAGE**

En cas de litige avec une entreprise installée dans un des pays de l'Union européenne, le consommateur peut demander au Centre européen des consommateurs France de l'aider : *www.europe-consommateurs.eu/fr*. Ce centre fait partie du réseau EEC-Net créé par la Commission européenne.

# Le télé-achat

Les grandes chaînes de télévision hertzienne et celles accessibles par câble ou satellite diffusent des émissions de télé-achat. Les produits sont présentés par un animateur lors d'une émission et le téléspectateur peut les acquérir par Internet, par téléphone ou par écrit.

Le télé-achat est une forme de vente à distance à laquelle s'appliquent les dispositions de Code de la consommation, notamment celles relatives aux contrats conclus à distance ainsi que celles concernant le droit de rétractation.

Cette forme particulière de vente à distance obéit également à certaines règles édictées notamment par le Conseil supérieur de l'audiovisuel, de manière à préserver les droits de l'acheteur.

■ La diffusion des objets proposés ne doit pas être de nature à induire en erreur le consommateur. L'offre de vente doit être claire, rigoureuse et la plus complète possible quant à ses principales composantes (prix, garanties, conditions de vente…). Toutefois, la marque et le nom du distributeur, du fabricant ou du prestataire ne doivent pas être indiqués à l'antenne.

■ La diffusion de telles émissions est réglementée :

– les émissions de télé-achat diffusées par voie hertzienne terrestre ou satellite, sont d'une durée minimale de 15 minutes et elles ne peuvent pas dépasser 3 heures par jour ; par ailleurs, il ne peut être programmé plus de 8 émissions quotidiennes. Elles ne peuvent être diffusées qu'entre 0 et 11 h et entre 14 et 16 h. Aucune diffusion ne peut avoir lieu le mercredi après-midi ;

– les émissions de télé-achat diffusées par câble ou par satellite ne sont pas limitées en terme d'horaires : elles peuvent être diffusées plus de 3 heures par jour. Pour les chaînes qui consacrent au moins 50 % de leur temps de diffusion à des émissions de télé-achat, la présentation des biens ou services offerts peut comporter l'indication de la marque et du nom du fabricant ou prestataire.

✎ *En cas de litige, adressez-vous à la société de production de l'émission de télé-achat si le problème concerne la commande ou la livraison du produit acheté. S'il s'agit d'un problème relatif au produit lui-même (panne, sécurité…), il convient en revanche de s'adresser directement au fabricant ou au fournisseur.*

# Les formes de vente particulières

Indépendamment de la vente classique en magasin et de la vente à distance et hors établissement, un consommateur peut être conduit à réaliser des achats soit dans un environnement particulier (foires et salons, magasins d'usine, brocantes…), soit selon des modalités particulières (ventes promotionnelles, soldes…) qui font l'objet de réglementations spéciales.

## Les foires et les salons

Les achats effectués dans les foires et les salons ne peuvent pas faire l'objet d'une rétractation. En conséquence, le vendeur, avant la conclusion de tout contrat, doit informer le consommateur qu'il ne dispose pas de délai de rétractation. Les professionnels doivent afficher, de manière visible pour les consommateurs, sur un panneau ne pouvant pas être inférieur au format A3, la phrase suivante : « *Le consommateur ne bénéficie pas d'un droit de rétractation pour tout achat effectué… (dans cette foire ou ce salon, ou sur ce stand).* » (*Arrêté du 2/12/2014*).

Par ailleurs, les offres de contrat doivent mentionner l'absence de délai de rétractation, en termes clairs et lisibles, dans un encadré apparent (*Code de la consommation, Art. L. 224-60*). Cet encadré doit figurer en en-tête du contrat, dans une taille de caractère au moins égale au corps 12.

Lorsque la conclusion du contrat s'accompagne, de la part du professionnel, d'une offre de crédit affecté à l'achat du bien, le contrat doit mentionner en des termes clairs et lisibles, dans un encadré apparent, que :

– l'acheteur dispose d'un droit de rétractation concernant le crédit ;

– le contrat est rompu de plein droit, sans indemnité, si l'emprunteur exerce son droit de rétractation dans le délai de 14 jours ;

– si le contrat est rompu, le vendeur est tenu de rembourser, sur simple demande, toute somme que l'acheteur aurait versée d'avance. Cette somme est productive d'intérêts au taux de l'intérêt légal majoré de moitié à compter du 8e jour suivant la demande de remboursement (*Code de la consommation, Art. L. 224-62*).

## La vente directe

On appelle vente directe, toute vente non réalisée dans un magasin classique, à distance ou hors établissement. La vente est alors réalisée directement du producteur au consommateur, dans son entrepôt, dans un magasin ou un dépôt spécialisé (magasin dit d'usine) et ce, sans l'intervention d'un distributeur intermédiaire. Cette méthode de vente trouve auprès du public un attrait certain du fait de l'espoir qu'elle fait naître de pouvoir acheter à prix réduit ; mais elle n'est pas exempte d'inconvénients. C'est pourquoi certaines règles viennent encadrer cette pratique.

## Les magasins d'usine

La législation sur les ventes directes aujourd'hui codifiée aux articles L. 310-1 et suivants du Code de commerce, prévoit :

- que la dénomination de magasin ou de dépôt d'usine ne peut être utilisée que par les producteurs vendant directement au public la partie de leur production de la saison antérieure de commercialisation qui n'a pas été écoulée dans le circuit normal de distribution ou qui fait l'objet de retour pour invendu ;
- que le prix des produits offerts à la vente est obligatoirement minoré (*Code de commerce, Art. L. 310-4*).

## Les produits agricoles et viticoles

La réglementation sur la vente directe (*Code de commerce, Art. L. 310-1 et s.*) s'applique aux entreprises agricoles ou artisanales (généralement les produits de la ferme ou les vins vendus par les exploitations viticoles) qui peuvent donc écouler, toute l'année, leurs produits par vente directe aux consommateurs (à condition toutefois, si le vendeur s'installe sur le domaine public, d'avoir une autorisation de voirie à défaut de laquelle la vente est interdite et répréhensible). Il reste, bien entendu, que les entreprises agricoles et artisanales pratiquant la vente directe sont soumises aux règles relatives à l'étiquetage, à la publicité des prix, aux fraudes, etc.

Soyez vigilant quant à la qualité des produits agricoles qui vous sont directement proposés au bord de la route, sur les marchés ou à la ferme… Les productions de la ferme bénéficient d'une réputation de produits naturels et sains. Pour qu'il en soit ainsi, il faut que toutes les conditions d'hygiène indispensables aient été respectées. Toutes les exploitations agricoles ne sont pas équipées des installations nécessaires, et l'exploitant n'a pas toujours le niveau de qualification requis. Attention donc aux conserves et à la charcuterie fraîche afin d'éviter tout risque d'intoxication alimentaire. En l'absence d'étiquetage précis, il est bien difficile de savoir si le vin titre bien le degré annoncé verbalement, si les fruits et légumes ne contiennent des résidus de pesticides, si les animaux abattus étaient sains… Autant de questions qui restent sans réponse car ces transactions souvent éphémères échappent au contrôle des services sanitaires et de la répression des fraudes, et se déroulent en majeure partie avec des clients de passage.

## Les AMAP (association pour le maintien d'une agriculture paysanne)

Une AMAP est une association créée à l'initiative d'un groupe de consommateurs qui souhaite soutenir une agriculture paysanne de proximité. L'association est liée à un producteur qui va vendre sa production directement aux consommateurs membres de cette association. Ces derniers s'engagent à acheter la production d'une saison à un prix convenu d'avance. Le paiement se fait à l'avance. Le lieu de distribution peut être à la ferme mais le producteur peut également apporter les paniers aux membres de l'association à un endroit déterminé en commun. Les paniers de légumes sont prépayés et le paiement à l'avance est au nom du producteur.

Dans la mesure où il n'y a pas de vente pendant la distribution et que cette distribution se déroule chez un particulier, les articles relatifs à la vente au déballage ne s'appliquent pas (voir plus loin).

Le producteur reste tenu au respect des règles d'hygiène et de conservation.

## La vente au déballage

Les ventes au déballage sont des ventes effectuées dans les locaux ou sur des emplacements non destinés à la vente au public ainsi qu'à partir de véhicules spécialement aménagés à cet effet : vente d'outils de bricolage dans un camion-magasin, vente de tapis sur la voie publique, vente de CD ou d'affiches dans une salle de spectacle…

Elles doivent faire l'objet d'une déclaration préalable auprès du maire de la commune dont dépend le lieu de vente (à défaut, ce sont des ventes à la sauvette à l'instar de celles de beaucoup de vendeurs de fruits dans le métro parisien) et ne peuvent pas durer plus de 2 mois par an dans un même local ou sur un même emplacement (*Code de commerce, Art. L. 310-2*).

Une circulaire du 13/4/2006 rappelle et détaille les règles applicables aux ventes au déballage (régime d'autorisation, tenue d'un registre, conditions liées à la participation des particuliers, sanctions encourues…).

Échappent à cette réglementation les ventes effectuées par les commerçants ambulants et forains (tournée du boulanger en camionnette, par exemple) ou les ventes aux enchères publiques, généralement réalisées dans des locaux non commerciaux.

Toute publicité relative à une vente au déballage doit mentionner la date et l'auteur de l'autorisation, la période pour laquelle cette dernière est délivrée ainsi que l'identité et la qualité du commerçant qui en est le bénéficiaire.

> ✎ *Les ventes réalisées sur le parc de stationnement des grandes surfaces sont soumises à autorisation de ventes au déballage. La loi n'apporte aucune indication sur la nature des marchandises vendues. Il peut donc s'agir aussi bien de marchandises habituellement en vente dans la grande surface que de marchandises étrangères à l'activité de cette dernière (Réponse ministérielle n° 29312, JO Sénat, 8/2/2001).*

## Les brocantes et vide-greniers

Il convient de distinguer les brocantes réalisées par des professionnels et les «vide-greniers »organisés une ou plusieurs fois l'an par des associations ou des communes à l'attention du grand public.

■ Les brocantes sont réglementées par les articles 321-7 et 321-8 du Code pénal, qui astreignent les organisateurs de manifestations publiques tendant à la vente ou à l'échange d'objets mobiliers d'occasion à la tenue d'un registre permettant l'identification des vendeurs professionnels ou particuliers, sous peine d'une amende pouvant aller jusqu'à 30 000 € et d'un emprisonnement allant jusqu'à 6 mois maximum.

Sont ainsi visées les « foires à la brocante », kermesses, braderies et autres « bourses d'échanges » (marchés aux puces…), auxquelles peuvent participer aussi bien les professionnels que les particuliers (*Réponse ministérielle n° 27658 du 31/7/1995*).

Les particuliers peuvent participer à ces manifestations, qu'elles soient réalisées dans des lieux publics ou privés, pour y vendre des objets personnels usagés et à titre exceptionnel. Toutefois, ils ne peuvent renouveler régulièrement leur participation sans remplir les obligations relatives à l'exercice d'une activité commerciale.

Leur participation est limitée à deux ventes au déballage par an au maximum (*Code de commerce, Art. L. 310-2*).

■ Pour les vide-greniers où les ventes sont effectuées par les particuliers inscrits, les règles d'assujettissement à la TVA ne sont pas applicables, à condition que la vente soit ponctuelle et isolée. En revanche, s'agissant de vente au déballage, toutes les règles issues de l'article L. 310-2 du Code de commerce sont applicables.

> ✎ *L'obligation pour les particuliers de ne participer qu'à des brocantes ou vide-greniers organisés uniquement dans leur commune de résidence, dans l'intercommunalité ou dans l'arrondissement où se tient le siège de la manifestation a été supprimée par la loi n° 2008-776 du 4/8/2008 de modernisation de l'économie.*

✎ *La vente à la sauvette, qui consiste à mettre en vente des biens dans les lieux publics, sans autorisation ou déclaration, en violation des dispositions réglementaires sur la police de ces lieux est réprimée pénalement : 6 mois d'emprisonnement et 3 750 € d'amende (Code pénal, Art. 446-1).*

# Les ventes promotionnelles

On appelle « promotion » la pratique consistant pour un commerçant à baisser le prix des produits et des services qu'il vend en opérant des remises ou des ristournes aux consommateurs intéressés. On parle aussi d'annonces de rabais. Ces ventes sont strictement encadrées de manière à limiter les abus. Les soldes obéissent, elles aussi, à une réglementation stricte.

## *Les promotions*

Les réductions de prix consenties par les commerçants lors de ventes promotionnelles sont autorisées à condition d'être clairement annoncées. Le consommateur doit être en mesure de connaître précisément les avantages offerts. À cet effet, le professionnel est tenu d'indiquer, sur les lieux de vente, les produits sur lesquels porte la réduction de prix.

Les articles doivent comporter une étiquette sur laquelle doivent être mentionnés, d'une part, le nouveau prix, c'est-à-dire le prix réduit, et d'autre part, le prix de référence qui est déterminé par le vendeur et à partir duquel la réduction de prix est annoncée (*Arrêté du 11/3/2015*). En cas de litige, il revient au professionnel d'apporter la preuve de ce prix de référence.

✎ *La règle du double marquage n'est pas exigée si un taux de remise unique est pratiqué dans le magasin sur tel ou tel produit (remise de X % à la caisse).*

✎ *Les dispositions concernant les promotions ne sont pas applicables aux opérations commerciales effectuées à l'intérieur des magasins pour une période très courte (10 % de remise sur les paquets de café X pendant 30 minutes). En revanche, toute annonce de réduction de prix doit indiquer la période pendant laquelle les avantages annoncés sont offerts.*

Hors les lieux de vente (annonces publicitaires par voie d'affichage, de presse, de radio, de télévision…), le professionnel est tenu d'indiquer les produits concernés par la réduction de prix, l'importance de la réduction proposée (en euros ou en pourcentage), ainsi que la durée de la promotion. De plus, les produits faisant l'objet d'une telle publicité doivent être disponibles pendant toute la période annoncée par la publicité sous peine de sanctions pénales.

L'inobservation de ces dispositions est passible d'une amende administrative d'un montant qui ne peut excéder 3 000 € pour une personne physique et 15 000 € pour une personne morale.

Les infractions à la réglementation sur les rabais peuvent être réprimées également sur le fondement de l'article L. 121-2 du Code de la consommation relatif aux pratiques commerciales trompeuses. Il en est ainsi quand le prix annoncé comme réduit ne l'est pas par rapport à celui antérieurement pratiqué ou quand les prix réduits ne correspondent pas à l'annonce publicitaire (*Cour de cassation, Chambre criminelle, 20/3/1979* : annonce d'une réduction de 15 % sur tous les articles emportés alors qu'en fait la promotion ne portait que sur les articles livrés).

Les annonces de rabais non chiffrées employant des termes du type « tout à prix sacrifiés », « tout moins cher », « le mois des lots »… ne sont pas visées par l'obligation du double marquage des prix mais tombent sous le coup de l'article L. 121-2 du Code de la consommation réprimant les pratiques commerciales trompeuses dès lors que les prix pratiqués ne sont pas ceux auxquels on pouvait s'attendre compte tenu de l'annonce publicitaire (*Tribunal correctionnel d'Auxerre, 3/6/1976* : un supermarché annonçait « impossible de trouver moins cher » alors que de nombreux articles semblables étaient vendus à des prix inférieurs dans d'autres grandes surfaces).

Quant aux produits alimentaires périssables mentionnant une réduction de prix, ils doivent indiquer la nature et l'origine du ou des produits offerts et la période pendant laquelle est maintenue l'offre (*Code de commerce, Art. L. 441-2*). Cette disposition vise à protéger les productions alimentaires françaises, en particulier celles des fruits et légumes, contre les importations de pays tiers souvent moins chères mais pas forcément de même qualité.

> ☹ **INCONVÉNIENT**
>
> Aucun rabais supérieur à 5 % ne peut être pratiqué par les commerçants sur le prix des livres.

## Les soldes

La réglementation très stricte concernant les soldes remonte au début du XX^e^ siècle. Elle a été réformée, en dernier lieu, par la loi n° 2014-626 du 18/6/2014. Ces dispositions ont été intégrées à l'article L. 310-3 du Code de commerce.

■ Ce dispositif maintient les éléments permettant de caractériser les soldes, à savoir :

– l'écoulement des marchandises détenues en stock en un temps réduit en dehors de toute perspective de réapprovisionnement en produits identiques ;

– la publicité qui est faite lors de cette opération, qui ne doit pas être de nature à induire en erreur les consommateurs sur les résultats attendus de l'opération de vente ;

– les prix fixés pour la mise en vente des articles soldés, qui doivent être des prix réduits.

Toutes les dispositions relatives aux annonces de rabais, notamment les règles fixées par l'arrêté du 11/3/2015 relatif aux annonces de réduction de prix à l'égard du consommateur, s'appliquent également aux soldes. Présenter comme soldés des articles dont le prix n'a pas été réduit constitue un délit de publicité trompeuse. Tout consommateur qui en est victime peut porter plainte auprès des services de la répression des fraudes.

■ Les soldes peuvent porter sur toutes les marchandises proposées à la vente et donc sur des marchandises neuves ou d'occasion, démodées ou non. Toutefois, le professionnel ne peut présenter à la vente que des marchandises détenues depuis au moins 1 mois en stock à la date de début de la période de soldes considérée.

■ Les soldes ne sont autorisés, pendant l'année civile, que durant deux périodes d'une durée de 6 semaines chacune. Les dates de début des soldes sont fixées par décret (*Code de commerce, Art. D. 310-15-2 et D. 310-15-3*) pour l'ensemble du territoire français, à l'exception des départements pour lesquels ont été arrêtées des dates différentes pour tenir compte d'une forte saisonnalité des ventes, ou d'opérations menées dans les régions frontalières (voir ci-après le tableau des dates de début des périodes de soldes).

**Attention** : les deux semaines supplémentaires (soldes flottants) dont la date pouvait être fixée librement par le commerçant sont supprimées depuis le 1/1/2015 (*Loi n° 2014-626 du 18/6/2014*).

> *L'interdiction d'utiliser le mot « soldes » ou ses dérivés pour désigner des opérations qui n'en relèveraient pas vise les pratiques de certains professionnels, appelés injustement des « soldeurs », dont l'activité consiste à acheter à des fabricants, en vue de les revendre aux consommateurs, des marchandises neuves, dépareillées, défraîchies, démodées ou de deuxième choix.*

✎ *Les commerçants qui vendent sur Internet sont également tenus de respecter la date nationale de démarrage des soldes, indépendamment de la localisation géographique du siège social de l'entreprise.*

☹ **INCONVÉNIENT**

Le vendeur a la possibilité de refuser de reprendre ou d'échanger les vêtements soldés, mais il reste soumis à la garantie légale des vices cachés et à la garantie légale de conformité.

| DATES DE DÉBUT DES PÉRIODES DE SOLDES | |
|---|---|
| Ensemble du territoire, à l'exception des départements pour lesquels sont fixées des dates différentes* | - Soldes d'hiver : 2e mercredi du mois de janvier, date avancée au 1er mercredi du mois de janvier lorsque le 2e mercredi intervient après le 12 du mois.<br>- Soldes d'été : dernier mercredi du mois de juin, date avancée à l'avant-dernier mercredi du mois de juin lorsque le dernier mercredi intervient après le 28 du mois. |
| Alpes-Maritimes (06), Pyrénées-Orientales (66) | Soldes d'été : 1er mercredi du mois de juillet. |
| Corse-du-Sud (2A), Haute-Corse (2B) | Soldes d'été : 2e mercredi du mois de juillet. |
| Meurthe-et-Moselle (54), Meuse (55), Moselle (57), Vosges (88) | Soldes d'hiver : 1er jour ouvré du mois de janvier. |

* Il existe également des dates particulières en Guadeloupe, Martinique, Guyane, à La Réunion et à Saint-Pierre-et-Miquelon.

## EXTRAIT DU CODE DE COMMERCE

« **Art. L. 310-3. I** - Sont considérées comme soldes les ventes qui, d'une part, sont accompagnées ou précédées de publicité et sont annoncées comme tendant, par une réduction de prix, à l'écoulement accéléré de marchandises en stock et qui, d'autre part, ont lieu durant les périodes définies, pour l'année civile, comme suit :

1° Deux périodes d'une durée de cinq semaines chacune, dont les dates et heures de début sont fixées par décret ; ce décret peut prévoir, pour ces deux périodes, et pour les ventes autres que celles mentionnées à l'article L. 121-16 du code de la consommation, des dates différentes dans les départements qu'il fixe pour tenir compte d'une forte saisonnalité des ventes, ou d'opérations commerciales menées dans des régions frontalières ;

2° Abrogé.

Les produits annoncés comme soldés doivent avoir été proposés à la vente et payés depuis au moins un mois à la date de début de la période de soldes considérée. […] »

## EN QUOI LES PROMOTIONS DIFFÈRENT-ELLES DES SOLDES ?

Un commerçant peut pratiquer toute l'année des promotions. Sa seule contrainte, hormis l'obligation de double affichage des prix, consiste à pouvoir approvisionner son magasin de façon à répondre aux demandes des consommateurs pendant la durée de la publicité qui accompagne l'événement. Les soldes, eux, ne permettent que d'écouler les invendus pendant une durée fixée par décret ou par le commerçant sans possibilité de réapprovisionnement. Les produits soldés peuvent donc ne pas être disponibles pendant toute la durée des soldes.

Seul point commun : dans les deux cas, les prix doivent être réduits.

## Les liquidations

Portée à la connaissance du consommateur par des affichages et des encarts dans la presse du type : « cessation totale ou partielle d'activité », « avant travaux », « tout doit disparaître »..., la liquidation est une vente accompagnée ou précédée de publicité et annoncée comme tendant, par une réduction de prix, à l'écoulement accéléré de la totalité ou d'une partie des marchandises d'un établissement commercial à la suite d'une décision de cessation, de suspension saisonnière ou de changement d'activité, ou encore de modification substantielle des conditions d'exploitation (*Code de commerce, Art. L. 310-1*).

> ✎ *En cas de suspension saisonnière d'activité, il existe un dispositif spécifique pour les commerçants implantés dans les stations de sports d'hiver. Dans ce cas, la durée maximale de la vente en liquidation ne peut excéder 15 jours.*

Les marchandises concernées peuvent ne pas constituer la totalité du stock des marchandises neuves ou d'occasion d'un établissement commercial mais ne doivent provenir que de l'établissement commercial en question, celles détenues dans les entrepôts extérieurs en étant exclues. Elles peuvent être revendues à perte.

La liquidation doit être précédée d'une déclaration adressée au préfet, 2 mois avant la date prévue pour la vente (5 jours lorsqu'elle fait suite à un fait imprévisible entraînant l'interruption du fonctionnement du commerce : incendie, inondation...), accompagnée de pièces justificatives, notamment un inventaire détaillé des marchandises dont l'écoulement accéléré est envisagé et leur prix de vente.

La publicité ne peut porter que sur des produits inscrits à l'inventaire. Elle doit mentionner la nature des marchandises sur lesquelles porte l'opération si celle-ci ne concerne pas la totalité des produits de l'établissement.

La durée maximale de la vente en liquidation ne peut excéder 2 mois.

## La vente avec prime

La vente avec prime est une technique de promotion commerciale où, pour tout achat d'un article, d'un produit ou d'une prestation, il est offert gratuitement un autre objet, produit ou prestation (par exemple, un VTT pour tout achat d'une voiture, une vidange gratuite pour tout changement d'amortisseur ou un livre pour un plein d'essence).

Toute vente de produits, biens ou prestations de services faite aux consommateurs et donnant droit, à titre gratuit, immédiatement ou à terme, à une prime consistant en produits, biens ou services est interdite, dès lors que la pratique en cause revêt un caractère déloyal, c'est-à-dire agressif ou trompeur. Il en découle que la distribution de primes est autorisée sous réserve qu'elle ne puisse être considérée comme une pratique déloyale, notamment lorsqu'elle est susceptible de modifier de façon importante le comportement économique du consommateur normalement avisé. Dans ce cas, elle est considérée comme anticoncurrentielle et peut aboutir à une surenchère préjudiciable au choix du consommateur dans la mesure où celui-ci ne décide plus en fonction de la qualité des produits ou des services eux-mêmes, mais pour obtenir la prime. Les services de la répression des fraudes (direction départementale de la protection des populations) sont compétents pour constater ces infractions. Ils peuvent, après une procédure contradictoire, enjoindre au professionnel de se conformer aux textes en vigueur et de cesser tout agissement illicite.

Si le vendeur ne réagit pas et ne modifie pas ses pratiques dans un délai fixé par l'administration, il peut se voir infliger une amende administrative d'un montant maximal de 15 000 €. Le dossier peut également être transmis aux juridictions pénales.

Les établissements bancaires et financiers n'ont pas le droit de vendre des produits (carte bancaire…) ou prestations de services (mise en place de virements permanents…) à un client (dans le cadre de la gestion de son compte de dépôt) lorsque cette vente donne droit à titre gratuit à une prime (qu'elle soit financière ou en produits) dont la valeur est supérieure à un certain montant. L'arrêté du 11/8/2003 fixe le seuil de la valeur des primes autorisées.

Si le prix de la prestation ou du produit est inférieur ou égal à 100 €, la prime ne peut excéder 15 % du prix net TTC.

Si ce prix est supérieur à 100 €, la prime ne peut excéder 15 € plus 1 % du prix net TTC.
Si le produit ou la prestation de services vendu ne donne pas lieu au paiement d'un prix mais expose son bénéficiaire à des frais ultérieurs, la prime ne peut excéder 80 €. Dans tous les cas, la prime ne peut excéder 80 €.

✎ *La réglementation qui autorisait la distribution de menus objets de faible valeur a été abrogée par le décret n° 2014-1061 du 17/9/2014. L'appréciation du caractère licite ou illicite de la distribution de prime se fait en fonction des conséquences sur la concurrence.*

# L'exécution du contrat

Qu'il s'agisse de la location d'un logement, de la commande d'un article à distance ou de la souscription d'un abonnement téléphonique, les rapports entre les consommateurs et les professionnels s'établissent, à cette occasion, dans le cadre d'un contrat, lequel est assorti de conditions générales décrivant les obligations de chacune des parties.

## Les délais

### *Le délai de rétractation*

Acheter une machine à laver ou souscrire un abonnement au câble, pour ne prendre que ces exemples, suppose la signature d'un contrat fixant les engagements réciproques des parties. Il arrive qu'après coup, ladite machine ne plaise pas ou que les émissions du câble déçoivent. Contrairement à une croyance fortement ancrée, il est impossible au consommateur de revenir sur sa décision (et de récupérer les sommes versées) une fois le contrat signé. Seul un juge peut décider d'une pareille annulation. Il peut le faire sous certaines conditions : le bien concerné est défectueux, n'a pas été livré ou le service n'a pas été rendu ou l'a mal été.

■ Le principe est que les transactions commerciales réglées au comptant et effectuées sur le lieu de commercialisation du bien ou du service (magasin ou établissement commercial) sont fermes et définitives dès la signature du contrat.

■ Pour certaines transactions, des lois accordent ponctuellement au consommateur un délai de réflexion, appelé aussi délai de renonciation, de rétractation ou, à l'inverse, délai d'acceptation.

– Vente d'un bien ou d'une prestation de services conclue à distance, à la suite d'un démarchage téléphonique ou hors établissement (démarchage) : un délai de 14 jours est offert au consommateur à compter du jour de la conclusion du contrat pour les contrats de prestation de services ou de la réception du bien pour les contrats de vente de biens. Lorsque le contrat est conclu suite à un démarchage à domicile, et uniquement dans ce cas, le consommateur peut se rétracter dès la conclusion du contrat. Il n'est pas tenu d'attendre la livraison du bien pour utiliser son droit de rétractation (*Code de la consommation, Art. L. 221-18*).

– Vente de biens ou de fournitures de services financée par un crédit à la consommation : un délai de 14 jours est offert au consommateur, à compter de la signature du contrat de crédit, pour revenir sur son engagement. La rétractation a pour effet d'annuler le contrat de crédit. Le contrat est également annulé si le prêteur n'a pas, dans le délai de 7 jours à compter de l'acceptation du contrat de crédit par l'emprunteur, informé le vendeur de l'attribution du crédit (*Code de la consommation, Art. L. 312-52*).

– Souscription d'un crédit à la consommation non affecté à l'achat d'un bien (prêt personnel ou crédit renouvelable) : un délai de 14 jours est offert au consommateur, à compter de la signature de l'offre de contrat de crédit, pour revenir sur son engagement (*Code de la consommation, Art. L. 312-19*).

– Achat d'un bien immobilier financé par un crédit immobilier : un délai de 10 jours est offert au consommateur, à compter de la réception de l'offre de crédit par voie postale, pour accepter ou refuser le prêt sollicité (*Code de la consommation, Art. L. 313-34*).

– Achat d'un bien immobilier (acquisition ou construction) : un délai de 10 jours est offert à l'acquéreur, à compter du lendemain de la première présentation de la lettre recommandée lui notifiant l'acquisition, pour revenir sur son engagement ou à compter du lendemain de la remise de l'acte, s'il est conclu par l'intermédiaire d'un professionnel ayant reçu un mandat (*Code de la construction et de l'habitation, Art. L. 271-1*).

– Signature d'un contrat de jouissance d'immeuble en temps partagé : un double délai est offert au consommateur. Un délai de réflexion de 10 jours, à compter de la remise de l'offre de contrat ou de sa réception par courrier, délai pendant lequel le consommateur peut ou non accepter ce qui lui est proposé (*Code de la construction et de l'habitation, Art. L. 271-1*), puis un délai de rétractation de 14 jours à compter du jour de la conclusion du contrat ou du jour de sa réception, si cette réception est postérieure au jour de la conclusion du contrat, sans indemnité ni frais (*Code de la consommation, Art. L. 224-79*).

– Signature d'un contrat de courtage matrimonial dans une agence matrimoniale : un délai de 7 jours est offert au consommateur pour revenir sur son engagement (*Code de la consommation, Art. L. 224-91*).

– Cours par correspondance dispensés par un établissement privé d'enseignement à distance : un délai de réflexion de 7 jours est offert au consommateur, à compter de la réception du projet de contrat et du plan d'études, pour accepter ou refuser le contrat proposé (*Code de l'éducation, Art. L. 444-8*).

– Souscription d'un contrat d'assurance vie, de bons de capitalisation : un délai de rétraction de 30 jours est offert au souscripteur, à compter du moment où il est informé que le contrat est conclu (*Code des assurances, Art. L. 132-5-1*).

– Prestation de chirurgie esthétique : un délai minimal de 15 jours doit être respecté par le praticien entre la remise du devis et l'intervention. Pendant cette période, il ne peut être exigé ou obtenu de la personne concernée une contrepartie quelconque ni aucun engagement à l'exception des honoraires afférents aux consultations préalables à l'intervention (*Code de la santé publique, Art. L. 6322-2 et D. 6322-30*).

– Vente de métaux précieux : un délai de 24 heures est accordé au consommateur qui vend des métaux précieux pour se rétracter. Ce délai court à compter de la signature du contrat. Le consommateur n'a pas à justifier sa rétractation ni à payer de pénalités. Ce délai ne s'applique pas aux opérations d'or investissement (*Code de la consommation, Art L. 224-99*).

| LES DÉLAIS DE RÉTRACTATION | |
|---|---|
| **Nature de l'opération** | **Délai de rétractation** |
| Achat d'un bien immobilier | 10 jours à compter du lendemain de la première présentation de la lettre recommandée notifiant l'acquisition |
| Assurance vie | 30 jours à partir du moment où le souscripteur est informé que le contrat est conclu |
| Chirugie esthétique | 15 jours entre la remise du devis et l'intervention |
| Courtage matrimonial | 7 jours à compter de la signature du contrat …/… |

| LES DÉLAIS DE RÉTRACTATION (suite) | |
|---|---|
| **Nature de l'opération** | **Délai de rétractation** |
| Crédit à la consommation | 14 jours à partir de la signature de l'offre de contrat de crédit |
| Crédit immobilier | 10 jours à compter de la remise de l'offre pour accepter ou renoncer |
| Démarchage financier | 14 jours à compter, soit du jour où le contrat est conclu, soit du jour où la personne démarchée reçoit les conditions contractuelles et les informations, si cette dernière date est postérieure à la date de conclusion du contrat |
| Enseignement privé à distance | 7 jours à partir de la réception du plan d'étude et du projet de contrat |
| Multipropriété | 10 jours à compter de la remise de l'offre de contrat ou de sa réception par courrier, puis 14 jours à partir de la date d'envoi au professionnel de cette offre signée |
| Plan d'épargne en valeurs mobilières | 15 jours à partir de la souscription du contrat |
| Vente à distance à la suite d'un démarchage téléphonique ou hors établissement (démarchage) | 14 jours à compter de la réception pour les biens et à compter de la conclusion du contrat pour les prestations de services |
| Vente de métaux précieux | 24 heures à compter de la signature du contrat |

## *Le délai de livraison*

Lors d'un achat (meubles ou automobile, le plus souvent) ou lors d'une commande de prestation de services (travaux à domicile, par exemple), il existe souvent un délai entre le moment de la conclusion du contrat (signature du bon de commande ou du devis) et celui de son exécution (livraison du bien, réalisation de la prestation). Il arrive que le professionnel ne le respecte pas ou ne le mentionne pas dans le bon de commande.

■ Le professionnel doit livrer le bien ou fournir le service à la date ou dans le délai indiqué au consommateur, sauf si les parties en ont convenu autrement.

À défaut d'indication ou d'accord quant à la date de livraison ou d'exécution, le professionnel livre le bien ou exécute la prestation sans retard injustifié et au plus tard 30 jours après la conclusion du contrat (*Code de la consommation, Art. L. 216-1*).

■ En cas de non-livraison du bien ou d'inexécution du service dans le délai fixé (ou au plus tard 30 jours après la conclusion du contrat), le consommateur peut mettre en demeure le vendeur, par lettre recommandée avec demande d'avis de réception, d'effectuer la livraison ou de fournir le service dans un délai supplémentaire raisonnable. Si le vendeur ne s'exécute pas dans ce délai, le consommateur peut mettre fin au contrat par une nouvelle lettre recommandée avec demande d'avis de réception.

Le contrat est considéré comme annulé à la date de réception de la lettre par le vendeur, à moins qu'il ne se soit exécuté entre-temps.

Le consommateur peut mettre fin immédiatement au contrat (sans mise en demeure préalable du professionnel) dans deux cas :

– lorsque le professionnel refuse de livrer le bien ou de fournir le service ;

– lorsqu'il n'exécute pas son obligation de livraison alors que la date ou le délai fixé constitue pour le consommateur une condition essentielle du contrat. Cette condition essentielle résulte des circonstances qui entourent la conclusion du contrat ou d'une demande expresse du consommateur avant la conclusion du contrat (*Code de la consommation, Art. L. 216-2*).

■ L'annulation du contrat oblige le professionnel à rembourser au consommateur la totalité des sommes versées, au plus tard dans les 14 jours suivant la date à laquelle le contrat a été dénoncé.

La somme versée par le consommateur est majorée de plein droit de :

– 10 % si le remboursement intervient au plus tard 30 jours au-delà du délai de 14 jours ;

– de 20 % jusqu'à 60 jours ;

– et de 50 % ultérieurement (*Code de la consommation, Art. L. 241-4*).

> ✎ *Si vous financez votre achat grâce à un crédit affecté, le délai de livraison est repoussé de 14 jours, délai correspondant à celui accordé à l'emprunteur-acheteur pour se rétracter. Si vous en faites la demande expresse, vous pouvez réduire le délai de réflexion à 3 jours en le mentionnant à la main sur le contrat de vente. C'est la livraison de la marchandise qui déclenche le déblocage des fonds par le prêteur et le début du remboursement de l'emprunt contracté. Il convient donc de vérifier attentivement la bonne conformité du bien livré.*

# Le paiement

Il est d'usage de régler l'achat d'un bien ou l'exécution d'une prestation de services au moyen d'un chèque, d'une carte bancaire, d'un virement, d'un prélèvement… ou tout simplement en espèces. Malgré la diversité des modes de paiement, le professionnel peut (pour les montants inférieurs à 1 000 €) exiger d'être réglé en espèces, c'est-à-dire en pièces de monnaie et en billets de banque. En effet, le paiement par chèque ou par carte de paiement n'est pas un droit acquis au consommateur.

## Les espèces

Un professionnel ne peut pas vous refuser un paiement en billets de banque n'excédant pas 1 000 € (*Code monétaire et financier, Art. L. 112-6 et D. 112-3*). En revanche, au-delà, vous devez obligatoirement régler par chèque, carte de paiement ou virement.

## Le chèque

■ Un commerçant peut refuser un chèque ou ne l'accepter qu'au-dessus d'un certain montant. Le chèque n'est pas une monnaie à cours légal. Le client doit toutefois en être informé par un affichage ou un marquage visible et lisible (*Code de la consommation, Art. L. 112-1*). En revanche, si le professionnel est membre d'un centre de gestion agréé (il en est ainsi fréquemment des professions libérales : médecins ou avocats), il ne peut pas vous refuser votre chèque.

> ☹ **INCONVÉNIENT**
>
> Même si vous êtes mécontent d'un produit ou d'un service, vous n'avez pas le droit de faire opposition au chèque émis en règlement. Vous risquez d'être poursuivi et condamné à de lourdes peines.

■ Un commerçant est en droit de demander une pièce d'identité pour les paiements par chèque, afin de vérifier qu'il ne s'agit pas d'un chèque volé. Dans ce cas, vous devez présenter un document administratif revêtu du sceau de la République avec une photographie : carte d'identité, permis de conduire, passeport… (*Code monétaire et financier, Art. L. 131-15*).

## La carte bancaire

Un professionnel peut refuser un paiement par carte bancaire dans trois cas précis :

– il n'est pas affilié au réseau Carte Bancaire et l'autocollant CB n'est pas apposé en vitrine ou à la caisse ;
– vos achats n'atteignent pas le seuil minimal fixé par le commerçant (en général 15 €), ce qui doit être porté à la connaissance des acheteurs par un affichage lisible et visible ;
– vous avez dépassé le plafond autorisé de votre carte.

✎ *Le professionnel doit afficher les conditions dans lesquelles il accepte ou refuse le paiement par chèque ou par carte bancaire de manière visible : dans les locaux où il reçoit la clientèle, aux caisses des magasins ou dans les documents remis ou adressés au public par exemple.*

## *Les arrhes et les acomptes*

■ Les sommes versées à titre de réservation par tout consommateur au moment d'un achat sont considérées comme des arrhes. Ce qui implique que le consommateur, comme le professionnel, peut se dédire, c'est-à-dire revenir sur son engagement et mettre fin au contrat, le consommateur en perdant le montant de ses arrhes et le professionnel en restituant le double.

La faculté de dédit liée aux arrhes n'est pas offerte au consommateur lorsque les sommes versées à la commande ont été qualifiées d'acompte dans le bon de commande. L'acompte, premier versement à valoir sur le prix total d'un achat, constitue une preuve d'engagement ferme de la part des deux parties. Si l'une d'entre elles se rétracte, elle engage sa responsabilité et peut se voir condamner par les tribunaux au paiement total de la commande ainsi qu'au versement de dommages et intérêts en cas de préjudice subi par l'une des parties par la rétractation impromptue et illicite de l'autre.

■ En vertu de l'article L. 214-2 du Code de la consommation, lorsque le contrat de vente porte sur un bien mobilier, toute somme versée d'avance sur le prix, quels que soient la nature de ce versement et le nom qui est donné dans l'acte, est productive d'intérêts qui commencent à courir à l'expiration d'un délai de 3 mois à compter du versement jusqu'à la réalisation de la vente. Le taux d'intérêt applicable est le taux légal pour le semestre en cours (4,35 % au 2e semestre 2016).

Pour les prestations de services, les sommes versées d'avance portent intérêt au taux légal à l'expiration d'un délai de 3 mois à compter du versement jusqu'à l'exécution de la prestation.

Les intérêts sont déduits du solde à verser au moment de la réalisation de l'opération.

Le versement de ces intérêts moratoires n'exclut pas la possibilité d'un versement d'intérêts compensatoires par le professionnel si le retard de la livraison ou l'inexécution de la prestation commandée ont causé un préjudice au consommateur.

✎ *Attention : toute clause contractuelle privant le consommateur des dispositions précitées est nulle. Le consommateur ne peut donc y renoncer et le professionnel ne saurait les lui refuser.*

# Les garanties

Tout vendeur de biens ou prestataire de services est tenu envers l'acheteur de deux garanties impératives : la garantie légale de conformité et la garantie légale des vices cachés. À ces obligations légales, le vendeur ou le prestataire peut ajouter sa propre garantie dite garantie conventionnelle (appelée aussi garantie du vendeur, garantie du constructeur ou garantie commerciale).

# La garantie de conformité

Les professionnels doivent répondre envers les particuliers de la conformité des produits qu'ils vendent au contrat (*Code de la consommation, Art. L. 217-4 à L. 217-14*).

### Quelles sont les conditions d'application de la garantie ?

Le vendeur doit livrer un bien conforme au contrat et répond des défauts de conformité existant lors de la remise du bien. Il est également responsable des défauts de conformité résultant de l'emballage, des instructions de montage ou de l'installation lorsque celle-ci a été mise à sa charge par le contrat ou a été réalisée sous sa responsabilité.

Pour être conforme au contrat, le bien doit :

- être propre à l'usage habituellement attendu d'un bien semblable et, le cas échéant :
  - correspondre à la description donnée par le vendeur et posséder les qualités que celui-ci a présentées à l'acheteur sous forme d'échantillon ou de modèle,
  - présenter les qualités qu'un acheteur peut légitimement attendre eu égard aux déclarations faites par le vendeur ou par le producteur, notamment dans la publicité ou l'étiquetage ;
- ou correspondre aux caractéristiques que le client a exposé au vendeur et que ce dernier a accepté.

Les défauts de conformité qui apparaissent dans un délai de 2 ans à partir de l'acquisition du bien sont présumés antérieurs à l'achat, sauf preuve contraire apportée par le vendeur. Ce délai est fixé à 6 mois pour les biens vendus d'occasion.

> ✎ *Si l'acheteur est en droit d'exiger la conformité du bien au contrat, il ne peut cependant contester la conformité en invoquant un défaut qu'il connaissait ou qu'il ne pouvait ignorer lors de l'achat.*

### Quels sont les recours de l'acheteur ?

En cas de défaut de conformité, le client peut choisir entre la réparation et le remplacement du bien. Pour ce faire, il dispose d'un délai de 2 ans à compter du jour de la remise du bien pour agir.

Si la réparation et le remplacement sont matériellement impossibles (par exemple parce que la fabrication a été arrêtée), l'acheteur peut :

– soit rendre le bien et se faire rembourser le prix ;

– soit garder le bien et demander le remboursement d'une partie du prix.

La même faculté lui est ouverte :

– si après avoir demandé une réparation ou un échange du bien, le vendeur n'a rien fait dans le délai d'1 mois ;

– ou si le coût de la réparation ou de l'échange est disproportionné par rapport au défaut constaté.

En cas d'annulation de la vente, en plus du remboursement du bien, le client peut demander le versement de dommages et intérêts s'il a subi un préjudice.

Si l'acheteur n'a pas fait jouer la garantie de conformité dans le délai de 2 ans, il peut encore, si les conditions sont réunies, invoquer la garantie des vices cachés (voir plus loin).

> ☹ **INCONVÉNIENT**
>
> L'annulation de la vente ne peut être prononcée si le défaut de conformité est mineur.

> ☺ **AVANTAGE**
>
> L'application de la garantie légale de conformité a lieu sans aucun frais pour l'acheteur.

## La garantie des vices cachés

Tout vendeur est tenu envers l'acheteur de livrer une marchandise apte à l'usage auquel elle est destinée. Il doit assurer, à ce titre, la responsabilité des défauts ou des vices cachés qui peuvent l'affecter (*Code civil, Art. 1641 à 1649*).

La garantie légale est acquise à tout acheteur :

– que le vendeur soit un professionnel ou un particulier ;

– que le bien acheté soit neuf ou d'occasion (sauf en matière de vente aux enchères : *Code civil, Art. 1649*) ;

– même s'il existe une garantie commerciale offerte par le vendeur ;

– même si les conditions générales afférentes au contrat de vente l'excluent ou la réduisent (ce qui est interdit en vertu de l'article R. 212-1 du Code de la consommation) ;

– même à défaut du paiement par l'acheteur de la totalité du prix à payer ;

– indépendamment ou non de la remise d'un bon de garantie ;

– aussi bien contre le vendeur que contre l'un quelconque des vendeurs successifs, le cas échéant, et ce jusqu'au fabricant (par exemple, en cas de ventes successives d'une voiture d'occasion, le vendeur initial peut être tenu de la garantie des vices cachés vis-à-vis du dernier acquéreur, si les vices existaient lors de la première vente : *Cour de cassation, 1re chambre civile, 5/1/1972*).

## Quelles sont les conditions d'application de la garantie ?

La garantie légale est due à quatre conditions cumulatives : le défaut affectant la marchandise doit être grave ou rédhibitoire, il doit être caché, il doit être antérieur à la vente et enfin l'acheteur doit intenter son action dans un délai de 2 ans.

■ Le défaut affectant la marchandise doit être grave ou rédhibitoire, à tel point que l'acheteur ne l'aurait pas achetée ou en aurait offert un prix moindre s'il l'avait connu. Voici deux exemples admis par les tribunaux :

– consommation excessive d'un véhicule automobile (*Cour d'appel de Paris, 3/5/1967*) ;

– champignon atteignant les boiseries d'un pavillon (*Cour de cassation, 3e chambre civile, 17/2/1988*).

■ Le défaut affectant la marchandise doit être caché. Il ne pouvait être décelé lors de la vente malgré un examen attentif de la chose vendue. Inversement, le vendeur n'est pas tenu des vices apparents, c'est-à-dire ceux qu'une personne de vigilance moyenne aurait découvert en procédant à des vérifications élémentaires. Par exemple, constitue un vice apparent la présence de nombreuses pièces rouillées sur un véhicule neuf (*Cour de cassation, Chambre commerciale, 24/1/1984*). En revanche, ne constitue pas un vice apparent le vice de construction se manifestant notamment par l'affaissement du carrelage du sol en certains endroits, dès lors que le vendeur n'a pas informé l'acquéreur de cet état de fait et qu'il en avait dissimulé les manifestations les plus importantes par des meubles et des revêtements de sol (*Cour d'appel de Versailles, 4e chambre, 3/3/1995*).

✎ *La Cour de cassation a jugé que la présence d'un virus sur une disquette vendue avec un magazine d'informatique constituait un vice caché obligeant l'éditeur (qui était aussi le vendeur du journal) à indemniser l'acheteur.*

■ Le défaut affectant la marchandise doit être antérieur à la vente. La preuve de l'antériorité est déterminante car la garantie n'est pas due si le vice affectant la marchandise achetée provient d'un manque de précaution ou d'entretien de la part de l'acheteur ou d'une mauvaise utilisation de la marchandise. Cette preuve peut se faire par tous moyens, notamment par expertises (*Cour de cassation, Chambre civile, 23/1/1987* : constitue un vice caché antérieur à la vente la présence de termites ayant provoqué des dégâts tels que leur antériorité à la vente de l'immeuble est établie).

■ L'action en garantie contre le vendeur (ou le fabricant ou le constructeur) doit être intentée dans un délai de 2 ans à compter de la découverte du vice (*Code civil, Art. 1648*).

C'est ce qu'a rappelé la Cour de cassation dans une affaire où, presque 7 ans après avoir acheté un matelas, un consommateur a pu obtenir le remboursement de ce matelas sur le fondement de la garantie des vices cachés. Il n'avait eu connaissance du vice affectant le produit que suite à une expertise réalisée 5 ans après l'achat. L'expertise avait mis en avant que le défaut existait avant la vente et qu'il n'était pas apparent. Le consommateur ayant engagé son action en garantie des vices cachés moins de 2 ans après l'expertise, la Cour de cassation l'a considéré comme recevable (*Cour de cassation, 1re chambre civile, 17/2/2016*).

☺ **AVANTAGE**

Toute clause de contrat exonérant le vendeur de son obligation de garantie à l'égard des vices cachés est nulle.

☺ **AVANTAGE**

L'obligation de garantie incombe à la fois au vendeur et au fabricant.

## Que peut faire l'acheteur d'un bien en présence d'un vice caché ?

En présence d'un vice caché, l'acheteur peut soit se faire rembourser, soit garder le bien acheté et se faire indemniser.

■ Rendre le bien acheté au vendeur et se faire rembourser l'intégralité des sommes versées (action rédhibitoire) est une solution parfois difficile à obtenir à l'amiable. Vous pouvez l'envisager essentiellement dans le cas où le bien vendu est inutilisable, notamment après plusieurs réparations infructueuses. Dans la pratique, il est courant que le vendeur propose d'échanger l'article défectueux contre un article neuf, de même marque ou, à défaut, ayant les mêmes caractéristiques et le même prix. Vous n'êtes pas tenu d'accepter (*Cour d'appel de Grenoble, 12/11/1987* : à propos d'un photocopieur n'ayant pas donné satisfaction).

■ Garder le bien acheté et se faire indemniser par le vendeur d'une partie du prix en proportion de la perte de valeur qu'occasionne le vice caché (action estimatoire) se pratique peu, car la solution soulève de délicats problèmes d'évaluation. Cependant, il n'est pas rare de voir le vendeur prendre en charge la réparation totale de l'objet vendu à ses frais de manière à régler le litige à l'amiable.

■ Dans tous les cas, le vendeur a des obligations. Il doit :

– verser des dommages et intérêts à l'acheteur s'il connaissait les vices de la chose vendue (*Code civil, Art. 1645*), c'est-à-dire s'il était de mauvaise foi ;

– rembourser les frais occasionnés par la vente (remboursement des pièces et de la main-d'œuvre, des dégâts provoqués par le défaut, frais de transport éventuels…) s'il ignorait les vices de la chose vendue (*Code civil, Art. 1646*), c'est-à-dire s'il était de bonne foi (dans ce cas, le vendeur ne peut être condamné à garantir l'acheteur des conséquences du dommage causé par le vice : *Cour de cassation, 1re chambre civile, 24/11/1954*).

À défaut d'accord amiable, vous pouvez mettre en œuvre une action en garantie des vices cachés telle qu'elle résulte des articles 1641 à 1649 du Code civil. Dans ce cas, le tribunal compétent est soit celui du lieu où la vente s'est déroulée, soit celui de votre domicile. Jusqu'au 30/6/2017, pour un litige inférieur ou égal à 4 000 €, vous devez saisir le juge de proximité alors que s'il est compris entre 4 001 € et 10 000 €, c'est le tribunal d'instance qui est compétent. À partir du 1/7/2017, vous devrez saisir le tribunal d'instance pour tous les litiges ne dépassant pas 10 000 €, la compétence du juge de proximité étant supprimée à compter de cette date. Si le litige est supérieur à 10 000 €, vous devez vous adresser au tribunal de grande instance.

# La garantie commerciale

## En quoi consiste-t-elle ?

La garantie commerciale s'entend de tout engagement contractuel d'un professionnel à l'égard du consommateur en vue du remboursement du prix d'achat, du remplacement ou de la réparation du bien. Elle s'ajoute aux autres protections que la loi accorde au consommateur (garanties de conformité et des vices cachés).

La garantie commerciale doit faire l'objet d'un contrat écrit dont un exemplaire est remis à l'acheteur. Ce contrat précise le contenu de la garantie, les modalités de sa mise en œuvre, son prix, sa durée, son étendue territoriale ainsi que le nom et l'adresse du professionnel garant. Il doit également mentionner de façon claire et précise que, indépendamment de la garantie commerciale, le vendeur reste tenu des défauts de conformité du bien et des vices rédhibitoires (*Code de la consommation, Art. L. 217-15*).

☺ AVANTAGE

En cas de non-respect de ces dispositions, la garantie commerciale reste valable et l'acheteur est en droit de s'en prévaloir.

✎ *La garantie commerciale ne doit pas être confondue avec le service après-vente qui a pour objet d'assurer l'entretien et la réparation du bien vendu indépendamment de toute garantie conventionnelle ou au-delà de la durée de celle-ci.*

## Que peut faire l'acheteur dont le produit ou le service est défaillant ou mal exécuté ?

L'acheteur bénéficiant d'une garantie commerciale peut faire réparer l'objet acheté dans les conditions prévues par son contrat sans avoir à prouver le vice qui l'affecte. Cette garantie s'applique même aux défauts peu importants que le fabricant ou le vendeur ne seraient pas tenus de réparer dans le cadre de la garantie des vices cachés.

Tout refus du professionnel d'assurer la garantie contractuelle conformément au contrat peut motiver une action judiciaire de la part du consommateur. Ce dernier peut utiliser l'injonction de faire ou assigner le professionnel en justice afin d'obtenir l'exécution forcée de la garantie contractuelle.

✎ *Si vous portez un appareil sous garantie à réparer, demandez un reçu de dépôt daté. Ce document peut être utile en cas de litige ultérieur sur la durée de la réparation ou en cas de perte de l'article par le réparateur.*

✎ *En cas de remise en état d'un appareil couvert par une garantie commerciale, toute période d'immobilisation du bien d'au moins 7 jours par le professionnel vient s'ajouter à la durée de la garantie restant à courir (Code de la consommation, Art. L. 217-16).*

# Quelles sont les précautions à prendre concernant la garantie ?

Il est recommandé de réclamer le contrat de garantie avant la signature de tout contrat ou de tout bon de commande afin de connaître l'étendue de celle-ci et les conditions de sa mise en œuvre.

Le Code de la consommation fixe un modèle de contrat de garantie obligatoire. Le vendeur doit remettre à l'acheteur un contrat conforme le renseignant sur la nature et la portée de la garantie s'agissant par exemple de la gratuité ou non de la mise en service de l'appareil acheté, de la réparation des pièces usées, des délais d'intervention du professionnel, du caractère gratuit ou payant de la main-d'œuvre…

Vérifiez bien que le contrat de garantie précise le contenu de la garantie, les éléments nécessaires à sa mise en œuvre, sa durée, son étendue territoriale ainsi que le nom et l'adresse de la société qui s'engage à prendre en charge le service après-vente du bien dans le cadre de la garantie commerciale.

**Attention** : en cas d'achat à l'étranger, la garantie peut ne pas comprendre d'extension au pays de résidence de l'acheteur. Dans ce cas, faites-vous préciser l'adresse du représentant français de la marque ou de la société qui assure la garantie à l'étranger.

### LA GARANTIE DES PRODUITS ACHETÉS DANS LA COMMUNAUTÉ EUROPÉENNE

La libre circulation des marchandises dans l'espace communautaire a eu pour objectif et pour effet de faciliter les achats transfrontaliers. Toutefois, les pratiques commerciales relatives à la garantie des produits et aux services après-vente variaient selon les pays membres de la Communauté et aucune disposition communautaire ne régissait ni n'harmonisait ces pratiques afin d'assurer aux consommateurs européens un minimum de protection lors de leurs achats transfrontières. Aussi, les autorités communautaires ont adopté une directive en ce sens (*Directive 1999/44/CE du Parlement européen et du Conseil du 25/5/1999*). La France, après avoir été rappelée à l'ordre par la Commission européenne, a enfin transposé cette directive en droit français avec l'ordonnance n° 2005-136 du 17/2/2005.

Ce texte est important pour les consommateurs français dans la mesure où tous les biens de consommation achetés sur le territoire de la Communauté européenne doivent bénéficier d'une garantie minimale de 2 ans. En outre, si le produit acheté présente un défaut durant cette période, l'acheteur peut demander sa réparation ou son remplacement. Si cela s'avère impossible, disproportionné ou ne peut se faire dans un laps de temps raisonnable ou sans inconvénient significatif pour le consommateur, celui-ci peut demander une réduction du prix ou la résiliation du contrat. Toutefois, ce droit de résiliation n'est pas accordé en cas de défauts mineurs. Si le défaut apparaît dans les 6 mois qui suivent l'achat, le client n'a pas à prouver que le produit était défectueux au moment de l'achat. C'est au vendeur de prouver qu'il ne présentait pas de défaut.

## Le service après-vente (SAV)

Les prestations de services après-vente exécutées par le vendeur qui ne relèvent pas de la garantie commerciale (voit plus haut) font l'objet d'un contrat dont un exemplaire est remis à l'acheteur.

La mise en service effectuée par le vendeur comprend l'installation et la vérification du fonctionnement de l'appareil.

La livraison ou la mise en service s'accompagne de la remise de la notice d'emploi et, s'il y a lieu, du certificat de garantie de l'appareil.

Un écrit est laissé à l'acheteur lors de l'entrée en possession du bien, mentionnant la possibilité pour l'acheteur de formuler des réserves, notamment en cas de défauts apparents de l'appareil ou d'absence de la notice d'emploi.

Lorsque le professionnel facture des réparations, il doit informer l'acheteur, par écrit, de l'origine de la panne, de la nature de l'intervention et des pièces ou fournitures remplacées (*Code de la consommation, Art. L. 217-17 et s.*).

✎ *Pour les achats de biens neufs réalisés depuis le 1/3/2015, l'acheteur doit être informé de la période pendant laquelle les pièces détachées seront disponibles. Cette information doit figurer sur tout document commercial préalablement à la vente, de même que sur le bon de commande et sur tout document accompagnant la vente (Code de la consommation, Art. D. 111-4).*

# Se défendre

Les possibilités de résoudre les litiges de la consommation sont de différentes natures : le consommateur peut agir seul ou faire appel à une association de consommateurs ; il peut agir en justice ou privilégier des voies de conciliation, du moins dans un premier temps.

## Résoudre un litige à l'amiable

Avant de saisir la justice pour un litige, mieux vaut tenter de le résoudre à l'amiable avec le professionnel intéressé soit directement, soit par l'intermédiaire de l'une des structures ou des voies accessibles au consommateur. La médiation doit être privilégiée chaque fois qu'elle va dans le sens des intérêts du consommateur, c'est-à-dire pour les litiges portant sur des sommes modiques ou pour un motif pour lequel la saisine des tribunaux apparaît inopportune.

### *Agir seul*

De nombreuses grandes sociétés, des banques, des distributeurs et des fabricants ont mis en place des services consommateurs. Ce sont vos interlocuteurs privilégiés chaque fois que vous êtes en litige. Ils disposent souvent d'une marge de manœuvre leur permettant, lorsqu'ils sont de bonne foi et soucieux de leur image de marque, de répondre favorablement aux réclamations, en faisant un geste commercial soit dans le but d'éviter toute publicité défavorable liée à un procès, soit dans une volonté affichée de se mettre au service du client.

### *Agir à l'aide d'une association de consommateurs*

Le client mécontent qui ne possède pas tous les arguments juridiques ou techniques permettant de fonder sa réclamation vis-à-vis du professionnel peut s'adresser à une association de consommateurs. Leur vocation est d'intervenir au profit du consommateur en vue de résoudre les litiges, à l'amiable si c'est possible, sinon en agissant en justice.
Il existe en France quinze organisations nationales de consommateurs agréées par les pouvoirs publics compte tenu de leur représentativité, de leur indépendance et de leur action. Leur adresse est disponible auprès des directions départementales de la protection des populations (DDPP) ou sur le site de l'Institut national de la consommation : *www.conso.net*.
Ces associations tiennent pour la plupart des permanences juridiques, soit sur place, soit par téléphone. Chacune d'entre elles possèdent de nombreuses antennes locales dans toute la France. Pour trouver la plus proche de chez soi, on peut se connecter au site : *www.conso.net/content/trouvez-lassociation-de-consommateurs-la-plus-proche-de-chez-vous*.
Outre qu'elles renseignent les consommateurs sur leurs droits, elles peuvent également prendre en charge leur dossier et intervenir à l'encontre des professionnels et de l'administration, le plus souvent pour un coût modique

(une adhésion à l'association, qui varie de quelques euros à quelques dizaines d'euros). Depuis la promulgation de la loi du 17/3/2014 dite « loi Hamon », les associations de consommateurs représentatives au niveau national et agréées peuvent agir dans le cadre d'une action de groupe.

## Agir avec un conciliateur

La tentative de conciliation amiable devant le juge de proximité ou le juge d'instance est une procédure peu connue. Elle permet d'obtenir une conciliation judiciaire pour tout litige survenu à l'occasion d'un acte de consommation avec un professionnel. Le consommateur désirant avoir recours à cette procédure doit se présenter ou écrire au tribunal d'instance du ressort de son domicile. Mais le juge peut de lui-même, avec l'accord des deux parties, proposer ce type de solution et désigner un conciliateur de justice. La liste de ces bénévoles est affichée dans tous les Palais de justice, mairies et Maisons de justice et du droit.

✎ *Jusqu'au 30/6/2017, il faut saisir le juge de proximité pour les litiges d'un montant inférieur ou égal à 4 000 € et le juge d'instance pour les litiges dont le montant est compris entre 4 001 € et 10 000 €. À partir du 1/7/2017, seul le juge d'instance sera compétent pour tous les litiges ne dépassant pas 10 000 €, la compétence du juge de proximité étant supprimée à compter de cette date.*

## Agir en faisant appel à un médiateur

Le consommateur peut également, pour tenter de résoudre un différend à l'amiable avec un professionnel, faire appel à un médiateur.

Toutes les entreprises doivent garantir aux consommateurs le recours gratuit à un médiateur en vue de résoudre à l'amiable un litige qui les oppose. Le consommateur doit avoir préalablement tenté de régler ce litige avec le professionnel mais il n'est pas tenu de recourir au médiateur. En revanche, le professionnel doit proposer cette médiation et communiquer au consommateur les coordonnées du médiateur dont il dépend. À défaut, le professionnel encourt une sanction administrative dont le montant maximal est fixé à 3 000 € pour une personne physique et 15 000 € pour une personne morale (*Code de la consommation, Art. L. 611-1 et s.*)

Il existe déjà des médiateurs spécialisés, mis en place à l'initiative de certains secteurs d'activité économique : La Poste, EDF, ENGIE, la SNCF, la RATP, les assurances, les banques, les sociétés financières… Le ministère de l'Économie a mis en place un site Internet pour informer sur le rôle des médiateurs de la consommation : *www.economie.gouv.fr/mediation-conso.*

Par ailleurs, au cours d'un procès, le juge peut désigner un médiateur avec l'accord des parties prenantes. Celui-ci est alors chargé de tenter de parvenir à un règlement amiable du litige.

L'accord est ensuite homologué par le juge et a dès lors la même portée qu'un jugement.

✎ *Le Défenseur des droits joue également le rôle de médiateur.*

✎ *Dans chaque département et/ou région, peut être instituée une commission de règlement des litiges de consommation, dont la mission est de favoriser le règlement amiable des litiges de consommation, dans un délai de 2 mois à compter de la réception de la réclamation à la commission (Arrêté du 25/3/2005). On peut ainsi saisir :*

*– la CRLC des Pyrénées orientales BP 20987, 66020 Perpignan Cedex ;*

*– la CRLC d'Ille-et-Vilaine, BP 20618, 35006 Rennes Cedex ;*

*– la CRLC des Vosges, 4 Quai des bons enfants, 88000 Epinal.*

# Saisir la justice

Plusieurs situations peuvent se rencontrer selon que le consommateur est créancier ou débiteur d'une obligation à l'égard du professionnel.

## Les procédures judiciaires simplifiées

Pour les petits litiges, les consommateurs disposent de plusieurs procédures simplifiées :

– **La déclaration au greffe** : cette procédure permet de faire juger un litige dont le montant ne dépasse pas 4 000 € et qui est de la compétence du juge de proximité jusqu'au 30/6/2017 ou de celle du tribunal d'instance.

– **L'injonction de faire** : cette procédure permet d'obtenir une décision de justice imposant au professionnel défaillant d'exécuter ses obligations contractuelles (refus d'appliquer une garantie commerciale, absence de livraison d'un véhicule dans le délai indiqué sur le bon de commande, par exemple). Le juge de proximité est compétent jusqu'au 30/6/2017 pour une demande dont le montant est inférieur ou égal à 4 000 € ; la demande doit être présentée au juge d'instance si le litige porte sur une obligation dont la valeur est inférieure ou égale à 4 000 € et qui n'est pas de la compétence du juge de proximité, ou si sa valeur est comprise entre 4 001 et 10 000 €. À compter du 1/7/2017, la demande devra être présentée au juge d'instance.

– **L'injonction de payer** : elle permet d'obtenir du débiteur défaillant le paiement des sommes dues (refus de remboursement par un vendeur de l'acompte versé alors que le consommateur a annulé le contrat de crédit dans les 7 jours de sa signature, par exemple). Jusqu'au 30/6/2017, le juge de proximité est compétent pour une demande dont le montant est inférieur ou égal à 4 000 € ; au-dessus de cette somme et jusqu'à 10 000 €, c'est le juge d'instance qui doit être saisi. À compter du 1/7/2017, la demande jusqu'à 10 000 € devra être présentée au juge d'instance. Enfin, au-delà de 10 000 €, il faut saisir le tribunal de grande instance.

– **Le recouvrement des petites créances** : la loi n° 2015-990 du 6/8/2015 permet aux créanciers de recourir à une nouvelle procédure simplifiée pour le recouvrement des petites créances impayées, en s'adressant à un huissier de justice. Celui-ci invite le débiteur par courrier recommandé avec avis de réception à participer à cette procédure. Lorsque l'huissier reçoit l'accord du créancier et du débiteur, il émet un titre exécutoire ayant valeur d'une décision de justice. La procédure doit se dérouler dans le délai d'1 mois à compter de l'envoi de la lettre au débiteur. Tous les frais qu'occasionne cette procédure sont à la charge du créancier (*Code des procédures civiles d'exécution, Art. L. 125-1*).

Le montant de la créance ne doit pas dépasser 4 000 € (*Code des procédures civiles d'exécution, Art. R. 125-1*).

## Un professionnel vous réclame de l'argent

Les litiges de consommation ne font pas toujours suite à des réclamations de consommateurs. Il arrive que ce soit le professionnel qui agisse contre le consommateur lorsqu'il estime que celui-ci lui doit une certaine somme d'argent.

Le professionnel désirant recouvrir une créance qui lui est due (non-paiement d'une échéance de prêt, non-règlement d'un produit livré…) peut demander au service recouvrement-contentieux de sa société ou à une agence de recouvrement extérieure de se saisir du dossier et de réclamer le règlement qui n'a pas été honoré.

Les frais de recouvrement entrepris sans titre exécutoire (décision de justice notamment) restent à la charge du créancier, sauf texte contraire (*Code des procédures civiles d'exécution, Art. L. 111-8*).

Le fait pour un professionnel de solliciter ou de percevoir d'un consommateur des frais de recouvrement alors qu'il n'y est pas autorisé est sanctionné par une peine de prison de 2 ans maximum et une amende d'un montant de 300 000 €.

Le montant de l'amende peut être porté à 10 % du chiffre d'affaires moyen annuel, calculé sur les trois derniers chiffres d'affaires annuels connus à la date des faits (*Code de la consommation, Art. L. 132-11 et L. 132-23*).

Pour chaque paiement effectué, une quittance doit être remise au débiteur.

À la réception de la lettre de recouvrement, le consommateur dispose de certains moyens de contestation :

– si vous estimez ne pas devoir les sommes qui vous sont réclamées, sachez qu'il revient au professionnel de justifier la créance en apportant la preuve des actes et des faits qui servent de base à sa demande (*Code civil, Art. 1353*) ;

– si vous n'avez pas réglé les sommes réclamées parce que vous contestez la nature ou la qualité du produit ou de la prestation réalisée par le professionnel, saisissez vous-même la justice afin de résoudre le litige sur le fond ;

– si les sommes dues n'ont pas été réglées parce que vous n'en avez pas ou plus les moyens, demandez des délais de grâce au juge d'instance (*Code civil, Art. 1343-5*). Le délai est fixé par le juge en considération du cas qui lui est soumis. Il ne peut excéder 2 ans.

## *L'action de groupe*

### ● En matière de consommation

L'action de groupe est l'un des principaux apports de la loi du 17/3/2014, dite « loi Hamon ». Elle permet aux consommateurs d'obtenir collectivement une réparation économique pour tous les préjudices du quotidien et les soulage des frais et de l'énergie nécessaires dans une procédure de recours contre une entreprise lorsque cette dernière ne respecte pas les dispositions du Code de la consommation.

L'action de groupe est introduite devant le tribunal de grande instance par une association de défense des consommateurs représentative au niveau national et agréée afin d'obtenir la réparation des préjudices matériels subis par des consommateurs placés dans une situation similaire ou identique et ayant pour cause commune un manquement d'un ou des mêmes professionnels à leurs obligations légales ou contractuelles :

– à l'occasion de la vente de biens ou de la fourniture de services ;

– ou lorsque ces préjudices résultent de pratiques anticoncurrentielles.

**Important** : dans le cadre d'une action de groupe, seuls les préjudices matériels sont indemnisables. Est donc exclue l'indemnisation des préjudices et moraux et corporels.

> ☺ **AVANTAGE**
>
> L'adhésion d'un consommateur à une action de groupe n'implique pas l'adhésion à l'association de groupe. Un consommateur peut donc se joindre à une action de groupe sans que cela le contraigne à adhérer à l'association qui saisit la justice.

Lorsque le juge estime que la responsabilité du professionnel mis en cause est engagée, il détermine les préjudices susceptibles d'être réparés pour chaque consommateur ou chacune des catégories de consommateurs concernés, ainsi que leur montant ou tous les éléments permettant l'évaluation de ces préjudices. Lorsqu'une réparation en nature lui paraît plus adaptée (remplacement du bien par exemple), le juge précise les conditions de sa mise en œuvre par le professionnel.

■ La procédure d'action de groupe simplifiée est mise en œuvre lorsque l'identité et le nombre des consommateurs lésés sont connus et qu'ils ont subi un préjudice d'un même montant. Le juge peut condamner le professionnel à les indemniser directement et individuellement. Lorsque la décision n'est plus susceptible de recours (appel ou cassation), les consommateurs concernés en sont informés par le professionnel et à ses frais, afin de leur permettre d'être indemnisés.

■ Lorsque l'identité et le nombre des consommateurs lésés ne sont pas déterminés, le juge définit le groupe de consommateurs à l'égard desquels la responsabilité du professionnel est engagée. Lorsque la décision n'est plus susceptible de recours, le juge ordonne les mesures de publicité (télévision, radio, presse écrite…), dont le professionnel assume les frais, adaptées pour informer de cette décision les consommateurs susceptibles d'appartenir au groupe. Le juge fixe également le délai - qui ne peut être inférieur à 2 mois, ni supérieur à 6 mois – dont disposent les consommateurs pour adhérer au groupe afin d'obtenir la réparation de leur préjudice (*Code de la consommation, Art. L. 623-1 et s.*).

■ Dans tous les cas, c'est le professionnel dont la responsabilité est reconnue qui assume la charge de tous les frais de la procédure, y compris ceux engendrés par l'indemnisation des préjudices subis par les consommateurs.

## En matière de santé

La loi n° 2016-41 du 26/1/2016 de modernisation de notre système de santé a instauré l'action de groupe en santé pour permettre aux usagers de se défendre collectivement en cas de préjudice subi dans le domaine de la santé. Une association d'usagers du système de santé agréée peut ainsi agir en justice afin d'obtenir la réparation des préjudices individuels subis par des usagers du système de santé placés dans une situation similaire ou identique et ayant pour cause commune un manquement d'un producteur ou d'un fournisseur de l'un des produits mentionnés au II de l'article L. 5311-1 du Code de la santé publique (médicaments, contraceptifs, dispositifs médicaux, produits sanguins…) ou d'un prestataire utilisant l'un de ces produits à leurs obligations légales ou contractuelles. L'action ne peut porter que sur la réparation des préjudices résultant de dommages corporels subis par des usagers du système de santé (*Code de la santé publique, Art. L. 1143-1 et s.*).

✎ *Une circulaire du ministère de la Justice publiée le 26/9/2014 présente la procédure applicable à l'action de groupe. Un schéma du déroulement de la procédure figure en annexe de cette circulaire : www.textes.justice.gouv.fr/art_pix/JUSC1421594C.pdf.*

✎ *Le fait d'adhérer au groupe n'empêche pas le consommateur de saisir la justice pour obtenir réparation des préjudices non indemnisables dans le cadre de l'action de groupe (préjudice corporel ou moral).*

☺ **AVANTAGE**

La première action de groupe ayant abouti a permis l'indemnisation de près de 100 000 consommateurs lésés !

**COMMENT RÉGLER VOS LITIGES EN MATIÈRE DE CONSOMMATION ?**

| | Que faire ? | Intérêt | Où s'adresser ? |
|---|---|---|---|
| Règlement amiable | Saisir la Direction départementale de la protection des populations (DDPP). | Cette administration orientera votre dossier vers la personne compétente. | À la DDPP de votre département. Adresses sur le site du ministère de l'Économie : *www.economie.gouv.fr/dgccrf/coordonnees-des-DDPP-et-DDCSPP.* |
| | Saisir le conciliateur. | Il cherche à régler à l'amiable les différends afin d'éviter un procès. | À la mairie ou au tribunal d'instance. …/… |

| COMMENT RÉGLER VOS LITIGES EN MATIÈRE DE CONSOMMATION ? (suite) | | | |
|---|---|---|---|
| | **Que faire ?** | **Intérêt** | **Où s'adresser ?** |
| Règlement amiable (suite) | Saisir une association de consommateurs. | Elle intervient pour défendre le consommateur. | À une association de consommateurs. Adresses sur le site de l'Institut national de la consommation : *www.conso.net*. |
| | Saisir un médiateur | Il va chercher à régler le litige à l'amiable | Le professionnel doit communiquer au consommateur les coordonnées du médiateur. |
| Recours en justice | Porter plainte en cas d'infraction. | Si le litige est relatif à une question de consommation ou à un cas de fraude. | Direction départementale de la protection des populations (DDPP). |
| | | Si le litige porte sur l'hygiène alimentaire des produits d'origine animale. | Direction départementale des affaires sanitaires et sociales (DDASS). |
| | | Si le litige porte sur les instruments de mesure utilisés à l'occasion des transactions commerciales (compteurs de taxis, appareils de pesage…). | Direction de l'industrie et de la recherche. |
| | Faire une saisine simplifiée. | Il s'agit d'une procédure simplifiée qui permet de régler les litiges n'excédant pas 4 000 €. | Greffe du tribunal d'instance du domicile ou du siège social du professionnel ou du lieu d'exécution de la prestation, ou encore du lieu où vous demeuriez au moment de la conclusion du contrat ou de la survenance du fait dommageable. Vous n'êtes pas obligé de vous adresser à un huissier. Jusqu'au 30/6/2017, il convient de saisir le juge de proximité en s'adressant au greffe du tribunal d'instance. …/… |

| COMMENT RÉGLER VOS LITIGES EN MATIÈRE DE CONSOMMATION ? (suite) | | | |
|---|---|---|---|
| | **Que faire ?** | **Intérêt** | **Où s'adresser ?** |
| Recours en justice (suite) | Procéder à une injonction de faire. | Cette procédure est mise en place chaque fois que le consommateur souhaite que le professionnel fasse quelque chose (par exemple, l'exécution de travaux commencés mais pas terminés), à condition que la valeur de la prestation n'excède pas 10 000 €. | Tribunal d'instance du lieu où demeure le professionnel ou du lieu d'exécution de la prestation, ou encore du lieu où vous demeuriez au moment de la conclusion du contrat ou de la survenance du fait dommageable. Toutefois, pour les litiges inférieurs ou égaux à 4 000 €, il convient de saisir jusqu'au 30/6/2017 le juge de proximité en s'adressant au greffe du tribunal d'instance. |
| | Procéder à une injonction de payer. | Cette procédure permet au consommateur d'obtenir le paiement des sommes dues par le professionnel débiteur. | Greffe du tribunal d'instance du domicile du débiteur pour les demandes dont le montant n'excède pas 10 000 €. Toutefois, pour les litiges inférieurs ou égaux à 4 000 €, il convient de saisir jusqu'au 30/6/2017 le juge de proximité en s'adressant au greffe du tribunal d'instance. Tribunal de grande instance au-delà de 10 000 €. |
| | Recourir à la procédure de recouvrement des petites créances. | Cette procédure permet à un créancier de recouvrer des petites créances sans passer par le tribunal (pour les créances n'excédant pas 4 000 €). | À un huissier de justice. |
| | Faire un procès (saisir le tribunal sur le fond de l'affaire). | Si le litige est inférieur ou égal à 4 000 €, le juge de proximité est compétent jusqu'au 30/6/2017. Si le litige est inférieur ou égal à 10 000 €, le tribunal d'instance est compétent. Au-dessus de cette somme, le tribunal de grande instance est compétent ; un avocat est alors nécessaire. | Juge de proximité jusqu'au 30/6/2017 ou tribunal du lieu où demeure le professionnel ou du lieu d'exécution de la prestation, ou encore du lieu où vous demeuriez au moment de la conclusion du contrat ou de la survenance du fait dommageable. Vous devez faire délivrer une assignation par huissier. .../... |

| COMMENT RÉGLER VOS LITIGES EN MATIÈRE DE CONSOMMATION ? (suite) | | | |
|---|---|---|---|
| | **Que faire ?** | **Intérêt** | **Où s'adresser ?** |
| Recours en justice (suite) | Se joindre à une action de groupe. | Cette procédure permet au consommateur d'obtenir, sans frais, l'indemnisation d'un préjudice dans le cadre d'une procédure prise en charge par une association de consommateurs ou d'usagers du système de santé agréée. | Association de consommateurs ou d'usagers du système de santé agréée qui saisira le tribunal de grande instance compétent. |

## COMMENT SE GARANTIR EN CAS D'ACHAT DANS UNE ENTREPRISE EN FAILLITE

Avant de contracter avec un professionnel, vous pouvez obtenir des renseignements d'ordre comptable et financier auprès du greffe du tribunal de commerce où est inscrite la société.

Pour plus de précautions, vous pouvez limiter les risques en appliquant les principes suivants :

– En cas d'achat par correspondance, sur Internet ou lorsque la livraison du bien acheté se fait postérieurement à la commande, demandez à régler le bien à la livraison contre remboursement.

– Si le professionnel réclame le versement d'arrhes ou d'acompte le jour de la signature de la commande, proposez un montant égal à 10 % comme le veut l'usage. Dans certains secteurs, ces sommes sont strictement limitées par la loi. Ainsi, dans le domaine immobilier, le dépôt de garantie doit être égal à 5 % du prix de la vente d'un immeuble en état futur d'achèvement.

En cas de dépôt de bilan de la société avec laquelle vous avez contracté une prestation de services échelonnée dans le temps (abonnement à une revue ou inscription dans un club de remise en forme), il est nécessaire de « déclarer votre créance » auprès du liquidateur-mandataire ou du représentant des créanciers qui a été nommé par le tribunal de commerce auprès duquel le dépôt de bilan a été inscrit. Vous avez 4 mois pour le faire à compter de cette inscription, délai après lequel la déclaration n'est plus recevable.

Pour connaître l'identité et les coordonnées du liquidateur ou du représentant, adressez-vous au greffe du tribunal de commerce.

Certains professionnels comme les agents de voyages, les banquiers ou les assureurs sont tenus de souscrire une garantie financière de manière à indemniser les consommateurs en cas de dépôt de bilan.

La démarche est identique pour les sociétés de distribution, pour les fabricants ou les commerçants auprès desquels vous auriez passé commande d'un bien en versant des arrhes ou un acompte.

Quel que soit le cas de figure, vos chances de récupérer les sommes versées sont faibles. Une consolation toutefois, si vous avez acheté votre bien en utilisant un crédit affecté, vous pouvez demander en justice l'annulation du contrat de vente et du contrat de crédit, dès lors que la livraison du bien commandé n'est pas intervenue (*Code de la consommation, Art. L. 312-55*).

# Votre alimentation

*Au Moyen Âge, pour ne pas mourir d'ingestion de viande putréfiée ou de céréales moisies, on salait, fumait ou boucanait les aliments pour mieux les conserver. Les techniques actuelles de conservation (haute température ou froid) ont éloigné de nous bien des maladies. Les progrès médicaux nous permettent désormais de connaître l'origine d'affections telles que la salmonellose, la listériose ou la maladie de Creutzfeldt-Jakob. Aussi, pour éviter au maximum la propagation de ce type de pathologie, une énorme machine de surveillance de la chaîne alimentaire est-elle mise en place, de la fourche à la fourchette. Elle repose sur le principe de précaution avec pour bases l'origine et la traçabilité des aliments. Au final, c'est sur l'étiquette que le consommateur attentif peut faire son choix. C'est une excellente source d'information pour qui sait la déchiffrer.*

# L'étiquetage des produits alimentaires

L'étiquette d'un produit, c'est un peu sa carte d'identité : nom, origine, âge, signes distinctifs… et même date limite d'utilisation. Un véritable guide d'achat en soi qui répond obligatoirement aux questions de base. Pour les emballages de petite dimension (moins de 10 $cm^2$), il est admis que l'étiquetage ne précise que les indications relatives à la dénomination de vente, à la quantité nette et à la date limite de consommation.

## Que prévoit la réglementation ?

Le règlement (UE) n° 1169/2011 du Parlement européen et du Conseil du 25/10/2011 entré en vigueur le 13/12/2014 a harmonisé au sein de l'Union européenne les règles d'étiquetage des produits alimentaires (*Décret n° 2014-1489 du 11/12/2014*). Les dispositions antérieures contenues dans le Code de la consommation sont maintenues et complétées. Ce règlement introduit toutefois dans notre droit de nouvelles dispositions notamment concernant la lisibilité des informations obligatoires, les informations sur les allergènes, l'indication d'origine ou de provenance et il rend obligatoire à compter du 13/12/2016 la déclaration nutritionnelle.

L'article 9 de ce règlement fixe la liste des mentions obligatoire. Il s'agit :

– de la dénomination du produit ;
– de la liste des ingrédients et de leur quantité ;
– de la quantité nette de denrée alimentaire ;
– de la date de durabilité minimale ou de la date limite de consommation ;
– des conditions particulières de conservation ou d'utilisation ;
– du nom ou de la raison sociale et l'adresse de l'exploitant ;
– du pays d'origine ou du lieu de provenance ;
– du mode d'emploi, lorsque son absence rend difficile un usage approprié de la denrée alimentaire ;
– pour les boissons titrant plus de 1,2 % d'alcool en volume, le titre alcoométrique volumique acquis ;
– une déclaration nutritionnelle à compter du 13/12/2016.

## Quel est ce produit ?

C'est ce que l'on appelle la « dénomination de vente ». La dénomination d'une denrée alimentaire est sa dénomination légale. À défaut, le nom usuel est donné à la denrée alimentaire, c'est-à-dire le nom reconnu comme étant la dénomination de la denrée alimentaire par les consommateurs (*Règlement (UE) n° 1169/2011 du 25/10/2011, Art 17*). Yaourt, beurre ou margarine, champignons au naturel ou poulet… la dénomination de la denrée doit être suffisamment précise pour permettre de connaître la nature réelle du produit et le traitement spécifique qu'il a éventuellement subi (congelé, concentré, pasteurisé, en poudre ou lyophilisé…), chaque fois que l'omission de cette indication est de nature à créer une confusion dans l'esprit de l'acheteur. Ce nom doit être indépendant de la marque de commerce ou de fabrique.

Toute fraude sur la qualité d'un produit est punie d'un emprisonnement de 2 ans au plus et/ou d'une amende d'un montant maximal de 300 000 € (*Code de la consommation, Art. L. 454-1*), comme l'a rappelé le procès de deux bouchers de Bordeaux, jugés sur différents faits dont vente de bœuf allemand comme viande française, fausse labellisation d'agneau de Pauillac, foies de veau étrangers étiquetés « origine France », etc. (*Cour de cassation, Chambre criminelle, 14/9/1999*). Si la fraude a pour conséquence de rendre l'utilisation de la marchandise dangereuse pour la santé de l'homme ou de l'animal, les peines indiquées ci-dessus sont portées à 7 ans d'emprisonnement et à 750 000 € d'amende.

## Le visuel

Le visuel illustrant le produit ne doit pas prêter à confusion. Il doit évoquer la nature du produit : des épis suggèrent la présence de blé, un homard fait référence à un produit en contenant. Pas question donc de poules dans un cadre champêtre pour des œufs provenant d'un élevage industriel (*Tribunal correctionnel de Poitiers, 25/4/1990*).

## Les ingrédients

La liste des ingrédients est l'une des mentions les plus importantes, puisqu'elle renseigne de manière précise sur la composition du produit. Selon le règlement (UE) n° 1169/2011 (*Art. 2 - 2f*), un ingrédient est une substance ou un produit, y compris les arômes, les additifs alimentaires et les enzymes alimentaires ou tout constituant d'un ingrédient composé, utilisé dans la fabrication ou la préparation d'une denrée alimentaire et encore présent dans le produit fini, éventuellement sous une forme modifiée. En revanche, les résidus ne sont pas considérés comme des ingrédients.

L'ingrédient est considéré comme primaire lorsqu'il constitue plus de 50 % de la denrée alimentaire.

Les ingrédients sont énumérés par ordre décroissant de poids hors emballage (ex : asperges, eau, sel, acidifiant, acide citrique). Les ingrédients intervenant pour moins de 2 % dans le produit fini peuvent être énumérés dans un ordre différent à la suite des autres ingrédients.

L'indication de la quantité d'un ingrédient ou d'une catégorie d'ingrédient doit être exprimée en pourcentage et correspondre à la quantité du ou des ingrédients au moment de sa fabrication (sauf exceptions) lorsqu'il figure soit dans la dénomination de la denrée alimentaire, soit à proximité immédiate de cette dénomination.

La quantité d'un ingrédient utilisé dans la fabrication ou la préparation d'une denrée alimentaire doit être précisée si cet ingrédient figure dans la dénomination de vente (ex : pâté aux truffes) ou s'il y est associé par le consommateur, ou s'il est mis en évidence dans l'étiquetage ou encore s'il est essentiel pour caractériser la denrée ou la distinguer d'autres produits (*Règlement (UE) n° 1169/2011 du 25/10/2011, Art. 22*).

✎ *La présence de nano ingrédients doit être mentionnée sur les produits préemballés (Règlement (UE) n° 1169/2011 du 25/10/2011, Art. 18-3).*

☺ **AVANTAGE**

Afin d'apporter une information plus simple et plus compréhensible aux consommateurs, il est maintenant permis de regrouper certains morceaux de viande sous une même dénomination générique (exemples : steak, rôti…) à la place du nom précis du muscle peu connu (exemples : paleron, jumeau…). Cette dénomination générique est accompagnée du potentiel de qualité du morceau sous forme d'étoiles, allant de trois étoiles pour le potentiel de qualité le plus élevé à une étoile pour le moins élevé (*Arrêté du 10/7/2014*).

Concernant l'étiquetage des produits contenant de la viande (pâtés, viandes cuites, plats cuisinés, conserves de viandes), l'étiquette doit indiquer s'il s'agit de muscle, de matière grasse ou d'abats (le terme «viande »s'appliquait auparavant à tous ces ingrédients) ainsi que l'espèce animale dont la viande est issue (porc, bœuf, mouton…).

### *La quantité*

L'indication de la quantité nette est obligatoire pour les denrées dont la quantité nette est supérieure à 5 g ou 5 ml (sauf pour les épices et les plantes aromatiques, le safran se vendant au gramme !).

Le poids et le volume sont précisés hors emballage. Exemple : contenance 212 ml. Le poids net égoutté doit aussi être indiqué : poids net égoutté : 125 g.

✎ *Toutes les mentions figurant sur l'étiquetage doivent être rédigées en français et sans autres abréviations que celles prévues par les conventions. L'utilisation d'une autre langue n'est autorisée que si une traduction française de même correspondance figure à ses côtés.*

**LES ALIMENTS DISPENSÉS DE L'INDICATION DES INGRÉDIENTS**

L'article 19 du règlement (UE) n° 1169/2011 du 25/10/2011 dresse la liste des denrées dispensées de l'indication des ingrédients :

a) les fruits et légumes frais, y compris les pommes de terre, qui n'ont pas fait l'objet d'un épluchage, d'un découpage ou d'autres traitements similaires ;

b) les eaux gazéifiées, dont la dénomination fait apparaître cette caractéristique ;

c) les vinaigres de fermentation s'ils proviennent exclusivement d'un seul produit de base et pour autant qu'aucun autre ingrédient n'ait été ajouté ;

d) les fromages, le beurre, les laits et crèmes fermentés pour autant que n'aient pas été ajoutés d'autres ingrédients que des produits lactés, des enzymes alimentaires et des cultures de micro-organismes nécessaires à la fabrication ou, dans le cas des fromages autres que frais ou fondus, que le sel nécessaire à leur fabrication ;

e) les produits ne comportant qu'un seul ingrédient, à condition que la dénomination de la denrée alimentaire :

– soit identique au nom de l'ingrédient ;

– ou permette de déterminer la nature de l'ingrédient sans risque de confusion.

## Quels additifs contient-il ?

On appelle additifs tous les ingrédients que les fabricants ajoutent volontairement dans les denrées alimentaires ou les boissons dans un but technologique (la conservation) ou organoleptique (le goût). Les conservateurs permettent une meilleure conservation ou une meilleure hygiène du produit et les exhausteurs de goût améliorent notre perception sensorielle : vue, goût, odeur ou texture.

Certains additifs nous permettent de conserver la nourriture de manière saine. Mais, tous les additifs ne jouent pas un rôle essentiel dans la préservation de la qualité des aliments. Nous pourrions nous passer de colorant et opter pour du sirop de grenadine blanc, tout comme nous pourrions mettre au ban les polyphosphates (E 450) dont la seule utilité est de retenir l'eau du jambon cuit.

### *Les différents additifs*

Parmi les additifs on retrouve :
– les colorants : série E (comme Europe) 100. Ils rendent les aliments plus attrayants ;
– les conservateurs : série E 200. Ils contrôlent ou empêchent le développement de certains micro-organismes ;
– les agents antioxygènes : série E 300. Ils permettent de limiter les effets de l'oxydation et empêchent les corps gras de rancir. Ils sont moins utilisés depuis que l'on conditionne sous vide ou sous atmosphère contrôlée ;
– les émulsifiants, stabilisants, épaississants et gélifiants : série E 400. Ils servent à améliorer la texture.

Il faut également citer les édulcorants qui apportent une saveur sucrée, les acidifiants, les correcteurs d'acidité, les antiagglomérants, les antimoussants, les affermissants, les humectants, les amidons modifiés et les poudres à lever.

### *Les additifs autorisés*

Il n'existe pas de liste d'additifs nocifs. Le principe adopté par la France et l'Union européenne est celui de la liste positive. Tout ce qui ne figure pas sur la liste des additifs autorisés ayant fait l'objet de tests médicaux est interdit d'utilisation par l'industrie alimentaire. La liste est disponible au *Journal officiel*, 26, rue Desaix, 75015 Paris (*Arrêté du 2/10/1997* paru au *Journal officiel* du 8/10/1997, annexes parues au *Journal officiel* du 8/11/1997, documents administratifs n° 33).

La réglementation européenne dont les principes figurent dans le règlement (CE) n° 1333/2008 du 16/12/2008 prévoit qu'un additif ne peut être utilisé que s'il « ne pose, selon les preuves scientifiques disponibles, aucun problème de sécurité du consommateur aux doses proposées ».

La Commission européenne a fixé la liste des additifs alimentaires actuellement autorisés. La présence d'additifs doit être précisée en clair, avec la catégorie à laquelle appartiennent les additifs, et leur nom qui peut être indiqué en utilisant le nom d'usage (acide malique par exemple) ou de manière codée (E 296).

> ☹ **INCONVÉNIENT**
>
> Certains produits de consommation courante comme le pain (dont la farine est souvent enrichie en lécithine ou en farine de fève) et le vin (qui contient de l'anhydride sulfureux) ne comportent pas cette obligation.

> ✎ *La réglementation interdit l'utilisation d'additifs dans les aliments destinés aux nourrissons et aux enfants en bas âge. Mais des études ont montré que l'ingestion de certains colorants (E 102, E 104, E 110, E 122, E 124 et E 129) présents dans certains bonbons pourrait augmenter le risque d'hyperactivité infantile.*

## Peut-il comporter des allégations nutritionnelles et de santé ?

Le règlement européen n° 1924/2006 du 20/12/2006 concerne les allégations nutritionnelles et de santé (« Sans sucres ajoutés », « Sans matières grasses », « Le calcium est nécessaire au développement osseux normal des consommateurs »…) formulées dans les communications commerciales qui peuvent apparaître dans l'étiquetage, la présentation des denrées alimentaires ou la publicité faite à leur égard.

Il vise tout message ou toute représentation non obligatoires, quelle qu'en soit la forme, qui affirme, suggère ou implique qu'une denrée alimentaire possède des qualités particulières :
– les allégations nutritionnelles qui affirment, suggèrent ou impliquent qu'une denrée alimentaire possède des propriétés nutrition-

nelles bénéfiques particulières en lien avec son énergie, ses nutriments ou ses autres substances ;

– les allégations de santé qui affirment, suggèrent ou impliquent l'existence d'une relation entre, d'une part, une catégorie de denrées alimentaires, une denrée alimentaire ou l'un de ses composants et d'autre part, la santé ;

– les allégations relatives à la réduction d'un risque de maladie qui affirment, suggèrent ou impliquent que la consommation d'une catégorie de denrées alimentaires, d'une denrée alimentaire ou de l'un de ses composants réduit sensiblement un facteur de risque de développement d'une maladie humaine.

Ce type d'allégations doit être précis et fondé sur des preuves acceptées par toute la communauté scientifique.

## Les allégations interdites

Les allégations nutritionnelles et de santé ne doivent pas :

– être inexactes, ambiguës ou trompeuses ;

– susciter des doutes quant à la sécurité et/ou l'adéquation nutritionnelle d'autres denrées alimentaires ;

– encourager ou tolérer la consommation excessive d'une denrée alimentaire ;

– affirmer, suggérer ou impliquer qu'une alimentation équilibrée et variée ne peut, en général, fournir des nutriments en quantité appropriée ;

– mentionner des modifications des fonctions corporelles qui soient susceptibles d'inspirer des craintes au consommateur ou d'exploiter de telles craintes ;

– se référer à la prévention ou au traitement d'une maladie.

✎ *Les boissons titrant plus de 1,2 % d'alcool ne peuvent pas comporter d'allégations, à l'exception des allégations nutritionnelles relatives à la réduction en alcool ou en énergie.*

## Les allégations nutritionnelles autorisées

Le règlement n° 1924/2006 du 20/12/2006 prévoit que la Commission européenne doit définir des profils nutritionnels spécifiques à chaque denrée alimentaire ou à chaque catégorie de denrées constitués de ratios en quantité de certains nutriments et substances présents dans l'aliment (sel, sucres, matières grasses, acides gras saturés et acides gras trans). Les denrées alimentaires ne satisfaisant pas aux profils nutritionnels ne peuvent plus porter d'allégations.

Toutefois, il est prévu deux exceptions à l'interdiction d'utiliser des allégations en cas de non-respect d'un profil nutritionnel :

– des allégations nutritionnelles peuvent être utilisées dans le cas où un seul nutriment serait « hors profil », à condition d'indiquer la mention « forte teneur en » (suivie du nom du nutriment en question) à proximité de l'allégation ;

– il est possible d'alléguer sur la réduction en matières grasses, acides gras saturés, acides gras trans, sucres et sel, même si le nutriment concerné est « hors profil », à condition de justifier scientifiquement de cette allégation, et sous certaines conditions.

Par ailleurs, le règlement crée en annexe une liste positive d'allégations nutritionnelles, avec leurs conditions d'utilisation, qui peuvent être utilisées sans autorisation, à condition de respecter les conditions d'utilisation qui y sont associées (par exemple : « faible valeur énergétique », « sans sucres ajoutés », « riches en fibres »...).

À partir du 13/12/2016, l'étiquetage nutritionnel sera obligatoire, que la denrée alimentaire porte ou non des allégations nutritionnelles ou de santé (*Règlement (UE) n° 1169/2011 du 25/10/2011*).

La valeur énergétique et les quantités de lipides, d'acides gras saturés, de glucides, de sucres, de protéines et de sel devront apparaître ensemble dans un tableau lisible placé

sur l'emballage ou, en l'absence de place suffisante, sous forme linéaire.
Les informations devront être exprimées pour 100 g ou pour 100 ml.

✎ *Les allégations nutritionnelles comparatives (par exemple « teneur en matières grasses réduite » ou « light ») sont admises, sous réserve que la comparaison porte sur des denrées alimentaires de la même catégorie et qu'elles figurent sur la liste des allégations nutritionnelles autorisées annexée au règlement.*

## Les allégations de santé autorisées

Les allégations de santé définies comme toute allégation qui affirme, suggère ou implique l'existence d'une relation entre, d'une part, une catégorie de denrées alimentaires, une denrée alimentaire ou l'un de ses composants et d'autre part, la santé, doivent, lorsqu'elles sont autorisées, faire l'objet d'un étiquetage nutritionnel qui comporte l'indication de la valeur énergétique et de 7 éléments au minimum : protéines, glucides, sucres, lipides, acides gras saturés, fibres et sodium. Elles doivent, en outre, en application du règlement n° 1924/2006 du 20/12/2006, faire apparaître de nouvelles mentions obligatoires : rappeler l'importance d'une alimentation variée et équilibrée ; indiquer la quantité de la denrée et le mode de consommation ; si nécessaire, une mention à l'attention des personnes qui devaient en éviter la consommation ; un avertissement en cas de consommation excessive.
Le règlement autorise l'utilisation de deux types d'allégations :
– les allégations relatives à la réduction d'un risque de maladie ou se rapportant au développement et à la santé infantiles qui doivent faire l'objet d'une procédure d'autorisation obligatoire basée sur un dossier scientifique ;
– les allégations relatives à la réduction de la sensation de faim, accentuation de la sensation de satiété basées sur des données scientifiques généralement acceptées qui sont énumérées dans une liste positive d'allégations.
Il interdit le recours aux allégations de santé suivantes :
– allégations suggérant que la santé puisse être affectée si l'aliment n'est pas consommé ;
– allégations se référant à la quantité ou au taux de perte de poids ;
– allégations se référant à des recommandations émises par les médecins.
Plus précisément, la Commission européenne a adopté une liste comportant 222 allégations de santé autorisées, valable pour l'ensemble de l'Union européenne, qui sont, depuis décembre 2012, les seules à pouvoir être apposées sur les produits par les fabricants et à condition d'être étayées par des preuves scientifiques (*Règlement n° 432/2012 du 16/5/2012*).
À partir du 13/12/2016, l'étiquetage nutritionnel sera obligatoire, que la denrée alimentaire porte ou non des allégations nutritionnelles ou de santé (*Règlement (UE) n° 1169/2011 du 25/10/2011*).

## Les substances allergènes

Le règlement (UE) n° 1169/2011 du 25/11/2011 oblige désormais à mentionner la présence d'allergènes tant dans les produits préemballés que dans les produits non-préemballés.

■ Pour les produits préemballés, ces substances doivent être mises en évidence dans la liste des ingrédients, notamment par l'utilisation de caractères gras ou italiques (*Règlement (UE) n° 1169/2011 du 25/10/2011, Art. 21*).

■ Lorsque le produit est proposé sur le lieu de vente non préemballé, le consommateur doit être informé de la présence de substance allergène par une information portée directement sur le produit lui-même ou à proximité de celui-ci. Il ne doit pas y avoir d'incertitude quant au produit auquel se rapporte cette information. L'information doit également être donnée dans les établissements de restauration (*Code de la consommation, Art. R. 412-12 et s.*).

## D'où vient-il ?

L'emballage doit permettre de retrouver le nom ou la raison sociale du responsable de la commercialisation du produit : fabricant, conditionneur ou vendeur, et même le lot de fabrication.

Le code emballeur, qui se présente sous la forme « EMB » suivi d'un nom et d'une adresse, ou d'un code officiel géographique permet d'identifier la société responsable de l'emballage.

■ Pour les aliments d'origine animale, l'estampillage représente une marque de salubrité européenne. Il atteste que les services vétérinaires ont contrôlé la conformité des installations aux normes de salubrité et d'hygiène. Il se présente sous la forme d'un ovale. Au sommet une lettre correspondant au pays de provenance (F pour France), au milieu une série de trois chiffres correspondant au numéro du département de provenance, au code de la commune puis à celui de l'établissement, en dessous CEE pour Communauté européenne.

Concernant la viande bovine, l'Union européenne s'est dotée d'un système d'étiquetage « spécifique et obligatoire ». Doivent figurer sur l'étiquette plusieurs informations essentielles :

– le numéro du lot (dit « numéro de traçabilité ») ;

– le pays d'abattage et le numéro d'agrément de l'abattoir ;

– le pays de découpe et le numéro de l'atelier de découpe ;

– l'État membre de naissance de l'animal ;

– l'État membre où il a été engraissé ;

– l'État membre où a eu lieu l'abattage (*Règlement CE n°1760/2000 du 17/7/2000* ; *Code de la consommation, Art. R. 412-30*).

■ Concernant les produits de la mer, le nom commercial, la zone de capture et le mode de production (pêché ou élevé) doivent être mentionnés sur leurs emballages et ce, en application du règlement (UE) n° 1379/2013 du 11/12/2013. Bien que ces informations ne soient pas relatives à la fraîcheur des produits, elles doivent permettre de mieux éclairer le choix du consommateur. L'article L. 511-3 du Code de la consommation permet aux agents de la Direction générale de la concurrence, de la consommation et de la répression des fraudes de sanctionner les étiquettes non conformes.

■ Dans le secteur des fruits et légumes, le décret n° 2010-109 du 29/1/2010 rend obligatoire dans toute annonce de prix, au stade de la vente de détail, la mention relative à l'origine des produits. Cette mention doit être inscrite de façon claire et lisible, en caractères d'une taille égale à celle de l'indication du prix.

> ✎ *L'origine des denrées alimentaires est obligatoire pour les produits de la pêche, la viande de bœuf, le miel, l'huile d'olive, les fruits et légumes frais et, depuis le 1/4/2015, pour les viandes de porc, de mouton, de chèvre et de volaille fraîches ou surgelées (Règlement (UE) n° 1337/2013 du 14/12/2013). Ainsi, pour ces viandes, les mentions « Pays d'élevage » et « Pays d'abattage » doivent figurer sur l'étiquette. La mention du lieu de naissance, à la différence de la viande bovine, n'est pas obligatoire.*

> ✎ *Chaque fois qu'il existe un doute sur les conditions particulières d'utilisation d'un produit alimentaire, l'étiquetage doit comporter un mode d'emploi ; c'est le cas des produits surgelés pour lesquelles les conditions dans lesquelles ils doivent être réchauffés sont précisées (Code de la consommation, Art. L. 423-1 et L. 423-2).*

> ✎ *Des mentions supplémentaires peuvent être ajoutées pour alerter le consommateur. C'est le cas par exemple, pour les produits alimentaires à base de soja enrichis en calcium : l'étiquetage doit indiquer qu'il est déconseillé de consommer ces produits en association avec une forte consommation de lait ou de produits laitiers (Arrêté du 8/10/2004). De même, toutes les boissons alcoolisées doivent maintenant comporter un message sanitaire préconisant l'absence de consommation d'alcool pour les femmes enceintes (Arrêté du 2/10/2006).*

**LE CODE-BARRES**

Développé aux États-Unis dans les années 1970, le code-barres n'a pas été inventé pour identifier le prix du paquet de beurre ou de la boîte de petits pois mais pour faciliter la gestion des stocks industriels. Cette succession de barres noires et d'espaces blancs constitue un message international codé représentant une suite de chiffres inscrits en dessous (13 en général). Le premier chiffre correspond au pays où l'article a été codifié (3 pour la France), les 6 chiffres suivants au fabricant, les 5 autres à l'article, le dernier est une clé de contrôle.

# Combien de temps est-il valable ?

Les dates figurant sur les étiquettes sont apposées sous la responsabilité du conditionneur. Selon le type de produit, vous retrouverez une DLC, date limite de consommation, ou une DDM, date de durabilité minimale.

Certains produits qui se conservent sans danger sont dispensés de date de péremption : boissons titrant à plus de 10 % en volume d'alcool, sel, sucre… (*Règlement (UE) n° 1169/2011 du 25/10/2011, annexe X*).

Lorsque la date de durabilité estimée de la denrée n'excède pas 3 mois, la DLC est indiquée avec le jour et le mois ; entre 3 et 18 mois, la date figure en mois et année ; au-delà de 18 mois, seule l'année est indiquée.

## La date limite de consommation (DLC)

La date limite de consommation, annoncée par « À consommer avant… » ou « À consommer jusqu'au… » s'applique aux denrées très périssables (viandes, œufs…). Au-delà de la date indiquée, le produit est interdit à la vente et susceptible, après une courte période, de présenter un danger immédiat pour la santé.

Les dates limites de consommation sont le plus souvent établies par le fabricant, leader de son produit sur le marché. Réduire soi-même d'une semaine la DLC de certains aliments fragiles (charcuterie, œufs, viandes, volailles ou fromage) est un bon principe de précaution.

Ainsi, pour les rillettes, la DLC est à 45 jours mais il serait préférable de la ramener à 21 jours.

**☹ INCONVÉNIENT**

Vendre des denrées après leur date limite de consommation constitue un délit de tromperie sur les qualités substantielles.

**☺ AVANTAGE**

De plus en plus de grandes surfaces appliquent des rabais parfois très importants (de 30 à 70 %) sur des produits proches de leur DLC. Une occasion de faire des économies à condition de les consommer très vite.

## La date de durabilité minimale (DDM)

La date de durabilité minimale, qui remplace l'ancienne date limite d'utilisation optimale (DLUO), figure sur les produits peu périssables (conserves, chocolat, biscuits…), sous l'appellation : « À consommer de préférence avant… ». Cette indication permet de savoir jusqu'à quand le produit conserve ses propriétés spécifiques dans des conditions appropriées. Une fois cette date passée, le produit peut encore être commercialisé (aucune sanction n'est prévue). Il est toujours consommable mais il risque de ne plus avoir la même saveur.

☹ **INCONVÉNIENT**

Qu'ils soient soumis à une DLC ou à une DDM, une fois que vos produits sont entamés, il convient de les consommer sous 24 heures car ils sont alors très sensibles aux bactéries en tout genre.

# Quel est son prix ?

Les commerçants doivent afficher les prix directement sur les produits destinés à la vente ou du moins à proximité directe, sans qu'il y ait doute sur le produit visé (*Code de la consommation, Art. L. 112-1 et s.*).

Les produits pré-emballés doivent être munis d'une étiquette indiquant le prix de vente au kilogramme, la quantité nette et le prix correspondant. Cette obligation s'applique aussi aux liquides qui doivent être vendus avec indication du prix au litre ou au décilitre.

Si le prix de l'étiquette diffère de celui du code-barres, il est d'usage, comme dans toute forme de double affichage non concordant, de payer le prix le plus bas.

Toutefois, le prix indiqué doit demeurer en rapport avec la valeur raisonnable d'un produit équivalent.

# Les produits biologiques

Depuis le 1/1/2009 est entrée en vigueur une nouvelle réglementation européenne en matière d'agriculture biologique issue des règlements communautaires CE n° 834/2007 du 28/6/2007 du Conseil et n° 889/2008 du 5/9/2008 de la Commission modifié par le règlement (UE) n° 354/2014 du 8/4/2014.

## *Bio à plus de 95 %*

Transformés ou non, il s'agit des produits dont la teneur en ingrédients d'origine agricole biologique est supérieure à 95 %. Ce sont les seuls à pouvoir se référer au mode de production biologique en tant que mode de production agricole et à utiliser les termes en usage dans ce domaine, notamment sous la forme suivante : « Agriculture biologique-système de contrôle CE » suivi du nom de l'organisme certificateur, du nom et/ou de la raison sociale du producteur, du préparateur ou du vendeur.

## *Le vin biologique*

Depuis le 1/8/2012, de nouvelles règles communautaires de production du vin biologique s'imposent (*Règlement n° 203/2012 du 8/3/2012*). Les producteurs français doivent respecter ces règles pour pouvoir utiliser les termes «Vin biologique »et apposer le logo biologique de l'Union européenne sur les étiquettes de leurs bouteilles. Le nouveau règlement impose des techniques œnologiques et recense les substances autorisées dans le vin bio. Parmi celles-ci, les sulfites ne doivent pas dépasser un certain niveau, inférieur à celui autorisé pour le vin traditionnel.

## *Autres produits contenant des ingrédients biologiques*

Dès lors que leur teneur en ingrédients d'origine biologique est inférieure à 95 %, ils ne peuvent pas se référer au label « Agriculture biologique » dans la dénomination de vente. Mais ils peuvent faire figurer dans le même champ visuel que la dénomination de vente, et dans une partie séparée, la mention « x % des ingrédients d'origine agricole ont été obtenus selon les règles de la production biologique » et il conviendra alors de distinguer les ingrédients biologiques des ingrédients de culture conventionnelle dans la liste des ingrédients.

☺ **AVANTAGE**

Depuis le 1/6/2012, les produits biologiques certifiés et étiquetés comme tels dans l'Union européenne et aux États-Unis peuvent être vendus de part et d'autre de l'Atlantique. Grâce à ce partenariat, la filière biologique va pouvoir se développer et la concurrence sur les prix se renforcer.

### *Bio en conversion*

On ne devient pas bio du jour au lendemain. Les produits se recommandant de l'étiquette « conversion vers l'agriculture biologique » ne peuvent être que des produits contrôlés dont les matières premières proviennent d'exploitations en conversion vers l'agriculture biologique depuis au moins 1 an avant la récolte. L'étiquette « bio en conversion » est conservée pendant toute la période transitoire du producteur, c'est-à-dire 2 ans avant l'ensemencement pour les cultures annuelles et 3 ans pour les récoltes de cultures pérennes.

## Les organismes génétiquement modifiés (OGM)

### *Quel étiquetage ?*

L'étiquetage des denrées alimentaires contenant des produits à base d'OGM est obligatoire en Europe.

Tous les produits résultant d'une transformation génétique doivent porter sur leur emballage la mention « contient des OGM » ou « produit à partir de soja/maïs génétiquement modifié », directement après le nom de l'ingrédient ou renvoyé par un astérisque à une note en bas de liste des ingrédients.

Cette obligation s'applique :

– à tous les produits, même s'ils ne comportent pas de liste d'ingrédients (comme la bière par exemple) ;

– aux produits composés d'ingrédients obtenus à partir d'OGM (plat cuisiné, saucisses…) ;

– aux additifs et aux arômes fabriqués à partir d'OGM.

L'étiquetage n'est obligatoire qu'à partir du moment où 0,9 % de chaque ingrédient pris de manière isolée est génétiquement modifié. Se trouvent donc dispensés d'étiquetage un certain nombre de produits dans lesquels l'ADN modifié ou la protéine ont disparu du fait de la transformation (ex : huile).

Le règlement communautaire n° 834/2007 renforce les obligations d'étiquetage de tous les produits constitués d'OGM ou dérivés, qu'ils soient destinés à l'alimentation humaine ou animale.

Les produits concernés sont ceux qui contiennent des OGM mais aussi ceux qui ont été élaborés à partir d'OGM même si le produit fini n'en présente plus de traces.

Ce dispositif qui conduit à l'étiquetage de tous les produits élaborés à partir de matières premières génétiquement modifiées, repose sur la mise en place d'une traçabilité totale des OGM et des dérivés tout au long des filières de production.

Les produits animaux (lait, viande, œuf) ne sont pas concernés par ces dispositions dans la mesure où aucun animal génétiquement modifié n'est commercialisé en Europe.

Ces obligations sont applicables aux produits vendus en vrac et aux produits préemballés. Ainsi, par exemple, l'étiquette d'un plat préparé, vendu en conserve, cuisiné avec une huile obtenue d'un colza génétiquement modifié, devra comporter une mention du type « produit à partir d'huile de colza génétiquement modifié » dans la liste des ingrédients.

Les services de restauration sous leurs différentes formes sont également concernés. Les cartes des restaurants, les menus des cantines, ou les panneaux d'affichage de la restauration rapide devront indiquer aux consommateurs les ingrédients OGM ou dérivés présents dans les plats proposés même si l'ingrédient concerné est mineur dans la composition.

Les filières de l'alimentation humaine et animale feront l'objet de contrôles afin de s'assurer que les opérateurs ont bien pris en compte le nouveau dispositif communautaire qui se mettra en place progressivement au fur et à mesure du renouvellement des stocks. Notamment, les professionnels qui ne souhaitent pas utiliser des OGM devront s'assurer, soit par eux-mêmes (autocontrôles par exemple) soit auprès de leurs fournisseurs, que les produits qu'ils mettent en œuvre n'en contiennent pas. Une présence accidentelle n'est pas admise au delà du seuil de 0,9 %.

## La mention « sans OGM »

Depuis le 1/7/2012, l'étiquetage des denrées alimentaires portant la mention « sans OGM » n'est autorisé que dans les conditions suivantes (*Décret n° 2012-128 du 30/1/2012*) :

– pour les ingrédients d'origine végétale (farine, blé, riz, etc.) s'ils sont non génétiquement modifiés ou s'ils sont issus de matières premières contenant au maximum 0,1 % d'OGM : mention « sans OGM » ;

– pour les ingrédients d'origine animale (lait, viande, poisson, œufs, etc.) s'ils proviennent d'animaux nourris exclusivement à partir de matières premières contenant au maximum 0,1 % d'OGM ou au maximum 0,9 % d'OGM : mention « nourri sans OGM (0,1 %) » ou « nourri sans OGM (0,9 %) » ;

– pour les produits issus de l'apiculture (miel, pollen…) s'ils sont produits à plus de 3 km de cultures génétiquement modifiées : mention « sans OGM dans un rayon de 3 km ».

Ces mentions peuvent apparaître dans la liste des ingrédients. Elles ne peuvent figurer sur la face avant du produit, au niveau du visuel principal de l'emballage, que si l'ingrédient mis en avant représente plus de 95 % de la denrée alimentaire.

✎ *Il est interdit de faire figurer la mention « sans OGM » sur les produits pour lesquels les OGM ne sont pas encore autorisés (pommes de terre, tomates…).*

☺ **AVANTAGE**

Les produits issus de l'agriculture biologique sont exempts d'OGM.

**MAÏS DOUX ET POUSSES DE SOJA TOUJOURS SANS OGM**

Les variétés de maïs et de soja génétiquement modifiées, actuellement autorisées, ne servent ni à la production de maïs doux, ni à celle des pousses de soja (qui sont en fait des pousses de haricot mungo). Pour éviter toute confusion, ces deux produits peuvent être commercialisés avec la mention « sans OGM ».

# La qualité et l'origine des produits alimentaires

La France a développé depuis de nombreuses années un dispositif de reconnaissance des produits de qualité. Ces signes officiels sont au nombre de cinq : l'appellation d'origine contrôlée, le label Rouge, les labels régionaux, la certification de conformité et l'agriculture biologique. Leur mise en place atteste d'une logique de filière qui a pour objectif d'assurer l'impartialité des contrôles à tous les niveaux de la chaîne alimentaire.

## Les appellations d'origine

Une appellation d'origine garantit l'authenticité d'un produit. Toutes les dénominations, enregistrées à titre national ou européen, sont protégées contre les imitations. Même si l'origine véritable du produit est indiquée, les fabricants ou les distributeurs n'ont pas le droit de commercialiser une denrée accompagnée d'une expression telle que « genre », « type », « méthode », « façon » ou « imitation » (*Règlement CEE n° 2081/92 du 14/7/1992*). Une dénomination protégée ne peut plus devenir générique.

Une fausse indication d'origine ou de provenance (vente de lapins du Gâtinais en provenance des départements de la Sarthe et de l'Orne ; vente de volailles portant la mention « région de Licques », alors qu'elles provenaient de France, mais aussi d'autres pays de l'Union européenne) constitue une infraction aux articles L. 413-8 et L. 413-9 du Code de la consommation. Elle est punie d'un emprisonnement de 2 ans au plus et/ou d'une amende d'un montant maximal de 300 000 € (*Code de la consommation, Art. L. 454-1*).

### *L'AOC*

L'AOC, appellation d'origine contrôlée, est le patriarche des signes distinctifs puisqu'il remonte à 1919. Dès 1935, l'AOC a été officialisée dans le domaine des vins et des eaux-de-vie. Dans les années 1960, les produits laitiers en ont bénéficié. Et depuis 1990, tous les produits agricoles et alimentaires bruts ou transformés y ont eu accès. Chaque AOC est définie par décret sur proposition de l'INAO, Institut national de l'origine et de la qualité. Ce décret homologue un cahier des charges où figurent notamment la délimitation de l'aire géographique de production de cette appellation ainsi que ses conditions de production.
L'AOC atteste moins la qualité supérieure d'un produit que son caractère typique, son lien avec le terroir. Un produit labellisé AOC ne peut pas, en théorie, être fabriqué ailleurs que dans sa région de production traditionnelle (pas de noix de Grenoble provenant d'un autre département que la Drôme, l'Isère ou la Savoie) et ce, pour des raisons géographiques aussi bien qu'à cause des méthodes de travail liées depuis des générations à sa fabrication (*Code de la consommation, Art. L. 431-1, Code rural et de la pêche maritime,*

*Art. L. 641-5 et s.*). Pour ces raisons, l'AOC est très répandue pour les vins où elle couvre 51 % du vignoble français (soit 41 % de la production totale) et pour les fromages (15 % de la production).

Pour citer un exemple célèbre parmi les fromages, le camembert peut être pourvu d'une AOC. Dans ce cas, il pèse au minimum 250 g, comporte 45 % de matière grasse et respecte un cahier des charges qui prévoit les aires de production du lait, d'affinage et de conditionnement. Elles sont limitées à 5 départements normands : le Calvados, l'Eure, la Manche, l'Orne et la Seine-Maritime. La fabrication en AOC est toujours au lait cru et le moulage est effectué à la louche.

**Attention** : depuis le 1/1/2012, l'AOP (appellation d'origine protégée) s'est substituée à l'AOC (voir plus loin). Les produits concernés ne doivent porter que la mention AOP, à l'exception des vins qui sont autorisés à se prévaloir de la mention AOC (appellation d'origine contrôlée).

**☹ INCONVÉNIENT**

« Fabriqué en Normandie » ou « Camembert de Normandie » ? Ne confondez pas. La mention « fabriqué en Normandie » est autorisée sur les camemberts ne bénéficiant pas d'AOC. Elle ne recouvre aucune règle de fabrication traditionnelle.

Hormis les vins et les fromages, vous pouvez retrouver l'AOC/AOP sur le beurre (Charente-Poitou, des Charentes ou des Deux-Sèvres), la volaille de Bresse ou le chasselas de Moissac… On peut retrouver la liste complète des AOC/AOP sur le site du ministère de l'Agriculture : *http://agriculture.gouv.fr/les-appellations-dorigine-controlee-et-protegee-aoc-aop*.

**EN SAVOIR PLUS SUR LES APPELLATIONS D'ORIGINE, LES LABELS ET LES MENTIONS VALORISANTES**

L'INAO, Institut national de l'origine et de la qualité, est un établissement public chargé de la mise en œuvre des dispositions législatives et réglementaires relatives au label rouge, aux AOC, aux indications géographiques protégées (IGP), aux spécialités traditionnelles garanties (STG), à la mention « agriculture biologique » ainsi qu'aux mentions « montagne », « fermier » ou « produits de la ferme » et « produits pays » dans les départements d'outre-mer (*Code rural et de la pêche maritime, Art. L. 642-5 et s.*).

L'INAO assure le suivi et le contrôle des conditions de production, accompagne et conseille les professionnels et contribue à la défense des appellations d'origine, des labels et des mentions valorisantes tant en France qu'à l'étranger en luttant notamment contre les contrefaçons.

INAO : 12, rue Henri Rol-Tanguy TSA 30003, 93555 Montreuil-sous-Bois Cedex, Tél. : 01 73 30 38 00 et sur Internet : *www.inao.gouv.fr*.

## L'AOP

L'AOP, appellation d'origine protégée, est une AOC européenne (*Règlement UE n°1151/2012 du 21/11/2012*). Elle désigne un produit élaboré ou transformé dans une aire géographique déterminée avec un savoir-faire reconnu et constaté. Elle ne concerne pas les produits vinicoles. C'est en 1992, et sous l'impulsion de la France, que l'Union européenne a décidé d'étendre aux pays européens le principe de l'AOC. Plus de 300 produits en bénéficient aujourd'hui comme le fromage de Rocamadour, les noix de Grenoble ou plus récemment la feta grecque.

Si le produit ne satisfait pas aux conditions posées par le règlement du 21/11/2012 et se voit refuser le bénéfice de l'appellation d'origine protégée, il perd celui de l'appellation d'origine contrôlée qui lui a été reconnue

(*Code rural et de la pêche maritime, Art. L. 641-10*).

## L'IGP

L'IGP, indication géographique protégée, est une AOP plus large. Le lien au terroir est moins fort puisqu'il peut s'agir « d'une région, d'un lieu déterminé ou, dans des cas exceptionnels, d'un pays » (*Règlement UE n°1151/2012 du 21/11/2012* ; *Code rural et de la pêche maritime, Art. L. 641-11*). Aujourd'hui, 200 produits la revendiquent dont une soixantaine de produits français (jambon de Bayonne notamment) qui doivent pour l'obtenir posséder déjà soit un label Rouge, soit un label régional, soit une certification de conformité… Ces labels n'existant pas dans les autres pays de l'Union européenne, les IGP nationales attestent d'une plus grande exigence que les autres IGP communautaires.

Depuis le 1/8/2009, les « vins de pays » (dont la dénomination est supprimée) sont enregistrés en tant qu'indication géographique protégée et relèvent de la compétence de l'INAO (*Règlement CE n° 479/2008 du 29/4/2008*). Le bénéfice de ce classement s'accompagne de nombreuses mesures destinées à améliorer l'information et la protection du consommateur, notamment en matière de contrôle de l'appellation et d'étiquetage.

## La STG

La STG, spécialité traditionnelle garantie, encore appelée attestation de spécificité, est avec l'AOP et l'IGP le 3e sigle européen de qualité (*Règlement UE n°1151/2012 du 21/11/2012* ; *Code rural et de la pêche maritime, Art. L. 641-12*). Elle protège non pas l'origine mais la tradition, c'est-à-dire les recettes et les méthodes traditionnelles liées au patrimoine ou à l'histoire. Mozzarella italienne ou bière belge Fero… il n'existe qu'une vingtaine de produits estampillés STG à l'heure actuelle.

## Les autres indications de provenance

Il convient de distinguer appellation d'origine et indication de provenance. La première désigne un produit « dont la qualité ou les critères sont dus au milieu géographique comprenant des facteurs naturels et des facteurs humains », tandis que la seconde n'implique aucune particularité liée au terroir ou au mode de production. Il ne s'agit que d'un simple renseignement sur le lieu où le produit a été créé. Bien que fabriqué en Charente-Maritime, le beurre de Surgères est un beurre tout à fait classique qui n'atteste pas d'un lien particulier avec le terroir ou d'un savoir-faire traditionnel comme le beurre des Charentes muni d'une AOC.

Les indications de provenance ne doivent pas induire le consommateur en erreur. Pas question d'apposer une pancarte « melons de Cavaillon très sucrés » sur des cucurbitacées en provenance du Tarn-et-Garonne (*Tribunal correctionnel de Paris, 13/3/1992*).

> ☹ **INCONVÉNIENT**
>
> Certaines dénominations sont aujourd'hui tombées dans le domaine public. Elles n'évoquent plus un lieu mais une méthode de fabrication ou de préparation : moutarde de Dijon, nougat de Montélimar, eau de Javel, eau de Cologne, saucisson de Lyon, saucisson d'Arles ou jambon d'York…

## La dénomination Montagne

Peuvent être assortis de la dénomination « montagne » les produits agricoles non alimentaires et non transformés et les denrées alimentaires autres que les vins qui sont produits et élaborés dans les zones de montagne auxquels une autorisation a été accordée.

Sont dispensés de cette autorisation :

– les produits bénéficiant d'une appellation d'origine, d'une indication géographique protégée ou d'une spécialité traditionnelle garantie lorsque la mention « montagne » figure dans la dénomination enregistrée ;

– les marchandises, légalement produites ou commercialisées dans l'un des États membres de l'Union européenne ou dans l'un des pays signataires de l'accord sur l'Espace économique européen, qui emploient dans leur étiquetage ou leur présentation la dénomination « montagne ».

La dénomination « montagne » ne peut figurer sur l'étiquetage des produits bénéficiant d'une AOC. Elle peut toutefois être autorisée par l'autorité administrative lorsque l'intégralité de l'aire de production de l'appellation est située en zone de montagne (*Code rural et de la pêche maritime, Art. L. 641-14 et s.*).

✎ *La mention « Produit de montagne » n'est pas soumise à la délivrance d'un arrêté préfectoral. L'utilisation de cette mention est permise pour les produits qui ne peuvent utiliser la mention « Montagne ». Il en est ainsi des produits d'origine animale tels que le lait et les produits laitiers, les œufs, le miel, les produits à base de viande, les produits d'origine végétale. Ces produits doivent répondre à divers critères. Pour les produits issus d'animaux tels que le lait et les œufs, la production doit se faire dans les zones de montagne. Pour la viande, les animaux doivent être élevés et avoir passé au moins les deux-tiers de leur vie dans les zones de montagne.*

# Les labels agricoles

La star incontestée des labels agricoles est le label Rouge ; à ses côtés, les labels régionaux, produits certifiés conformes et produits biologiques attestent également de certains critères de qualité, régulièrement contrôlés. Mais la qualité des produits labellisés doit être constante car l'attribution d'un label n'est jamais définitive. Elle peut être remise en cause si les conditions requises pour son obtention ne sont plus remplies.

## Le label Rouge

Le label Rouge, propriété du ministère de l'Agriculture, a été créé en 1960 à l'initiative des professionnels du secteur avicole soucieux de développer un concept d'élevage différent plus proche de la tradition. Ainsi, le label Rouge des poulets fermiers de Loué permet-il de dire qu'ils sont nourris avec au moins 80 % de céréales, qu'ils ont vécu 91 jours minimum et qu'ils ont disposé d'une aire de parcours fixée à 2,5 m$^2$ minimum par volaille.

Le label Rouge ne couronne pas que le poulet ; vous le retrouverez sur la viande, la charcuterie, les produits laitiers, les fruits et les légumes, les produits d'épicerie, les œufs, les plats préparés, les miels, les boissons… et même les poissons (bar d'élevage, saumon Écossais) et les fruits de mer (huîtres de Marennes-Oléron).

Le label Rouge atteste que ces denrées alimentaires possèdent des caractéristiques spécifiques établissant un niveau de qualité supérieure, résultant notamment de leurs conditions particulières de production ou de fabrication et conformes à un cahier des charges, qui les distinguent des denrées et produits similaires habituellement commercialisés.

La demande de label Rouge doit être présentée par un groupement de producteurs ou de transformateurs.

L'homologation d'un label Rouge est prononcée par arrêté, sur proposition de l'Institut national de l'origine et de la qualité (*Code rural et de la pêche maritime, Art. L. 641-1 et s.*).

## Les labels régionaux

Un label régional est en quelque sorte un label Rouge décliné dans une région bien déterminée. Les entreprises d'une région se réunissent pour déterminer un cahier des charges strict concernant leur production. Elles mettent parfois en avant un signe distinctif, une spécificité « terroir ». Le label régional est réservé à certains produits des 6 régions suivantes : Ardennes, Franche-Comté, Lorraine, Nord-Pas-de-Calais, Midi-Pyrénées et Savoie.

Une quarantaine de produits sont ainsi labellisés, du petit salé lillois à la tomme de Savoie sans oublier la cancoillotte franc-comtoise ou le boudin blanc de Rethel, mais la loi d'orientation agricole de 1994 a arrêté l'attribution de ces labels. Désormais, toute référence géographique concernant un produit doit obligatoirement être conforme aux signes officiels européens, en l'occurrence l'IGP. Dans un arrêt du 6/3/2003, la Cour de justice de l'Union européenne a estimé que les labels régionaux français ne pouvaient pas être justifiés au titre du Traité CE qui interdit les restrictions à l'importation.

### EN SAVOIR PLUS SUR LES LABELS

✓ Le SYNALAF, Syndicat national des labels avicoles de France, est un organisme interprofessionnel, créé en 1967. Il représente les groupes régionaux de volailles fermières portant le label Rouge. N'hésitez pas à les contacter pour avoir le détail de leur charte de qualité.

SYNALAF : 7, rue du Faubourg Poissonnière, 75009 Paris, Tél. : 01 82 73 06 99, sur Internet : *www.synalaf.com.*

✓ Le COFRAC, Comité français d'accréditation, comme son intitulé le laisse supposer, accrédite les organismes certificateurs (certificat de conformité, production biologique, label Rouge et labels agricoles). La loi n° 99-574 du 9/7/1999 dispose que seuls peuvent être agréés par les autorités compétentes les organismes certificateurs accrédités par un organisme signataire d'un accord de reconnaissance européen. En France, seul le COFRAC dispose de cet accord.

COFRAC : 52, rue Jacques Hillairet, 75012 Paris, Tél. : 01 44 68 82 20, sur Internet : *www.cofrac.fr.*

✓ Retrouvez les produits labellisés sur le site du ministère de l'Agriculture : *www.agriculture.gouv.fr.*

### JURISPRUDENCE

Un produit assorti d'un label agricole est garanti par l'État (par le biais d'un organisme certificateur). Toute personne qui usurpe à des fins frauduleuses un signe de qualité reconnu s'expose aux condamnations prévues par l'article L. 454-1 du Code de la consommation. En octobre 1999, un boucher qui exposait à la vente des pièces de bœuf présentées avec le logo et la marque « Bœuf de tradition boucherie », alors que la viande n'était pas distribuée dans le cadre du cahier des charges de cette marque, a été condamné à une amende de 75 €. Les peines peuvent aller bien au-delà puisque le Code de la consommation prévoit un dispositif allant jusqu'à un emprisonnement de 2 ans au plus et/ou amende de 300 000 € au plus. Et si le produit est dangereux pour la santé de l'homme ou de l'animal, ces peines sont portées à 7 ans d'emprisonnement et à 750 000 € d'amende.

## La certification de conformité

La certification de conformité, mise en place en 1990, est le plus jeune des signes officiels de qualité. Elle est régie par les articles L. 641-20 et suivants du Code rural et de la pêche maritime et atteste qu'un produit possède des qualités ou suit des règles de fabrication particulières et strictement contrôlées.

Peuvent faire l'objet d'une certification de conformité les denrées alimentaires et les produits agricoles non alimentaires et non transformés qui respectent des règles portant, selon le cas, sur la production, la transformation ou le conditionnement, fixées par produit ou par famille de produits par arrêté (*Code rural et de la pêche maritime, Art. L. 641-20*).

La certification, comme les labels, est administrée et contrôlée par un organisme certificateur accrédité. Les caractéristiques certifiées peuvent être la composition du produit, des caractéristiques organoleptiques (aspect, parfum, goût) ou certaines règles de fabrication.

Il n'existe pas de logo officiel pour les produits certifiés, les marques collectives ont le leur. Il s'agit notamment du sigle « Atout qualité certifié » (AQC) déposé par le CEPRAL, association des organismes certificateurs pour la promotion des systèmes de certification de produits agro-alimentaires, et du sigle « Critères qualité certifiés » (CQC) déposé par l'INTERBEV, association nationale interprofessionnelle du bétail et des viandes, pour les viandes. À ce jour, environ 150 types de produits bénéficient d'une certification de conformité, ce qui ne veut pas dire qu'ils soient de qualité supérieure mais différente.

**LES LABELS D'ORIGINE**

Des professionnels ou des structures privées ont pris l'initiative de concevoir et délivrer des « labels » aux entreprises souhaitant faire valoir l'origine française de leurs produits. Ainsi, le label « Origine France garantie » est un label interprofessionnel attribué par l'association Pro France aussi bien à des produits alimentaires qu'à des produits non alimentaires. Pour l'obtenir, 50 % du prix de revient du bien doit résulter d'opérations réalisées en France ; le produit doit en outre prendre ses caractéristiques essentielles en France. Ces caractéristiques sont vérifiées annuellement par un organisme certificateur.

# L'agriculture biologique

En France, l'agriculture biologique émerge dans les années 1950 sous l'influence de médecins et de consommateurs inquiets des effets de l'alimentation sur la santé humaine et désireux de « produire sans détruire ». Depuis les années 1980, la demande en produits biologiques ne cesse d'augmenter (en 2012, 43 % des Français consommaient au moins une fois par mois un produit bio, contre 37 % en 2003). Victime de son succès, le secteur biologique se trouve aujourd'hui confronté à une multiplication de fraudes. Sachez reconnaître le vrai « bio » du faux.

## Le label AB

Le règlement n° 2092/91/CEE du 24/6/1991, concernant le mode de production biologique de produits agricoles et sa mention sur les produits agricoles et les denrées alimentaires, avait permis de faire le ménage dans le foisonnement des appellations biologiques. Il a été abrogé depuis le 1/1/2009 et remplacé par le règlement CE n° 834/2007 du 28/6/2007 qui contient notamment des garanties accrues contre les contaminations d'OGM, garantit également un étiquetage fiable et renforce les contrôles, y compris sur les importations. Ne peuvent être commercialisés sous le label AB, Agriculture biologique, bio, ou comme étant « issu de l'agriculture biologique », que les produits ayant subi des contrôles très stricts et obtenu la certification d'un des organismes certificateurs (Ecocert, Qualité-France, Afaq-Ascert-International, Ulase, Agrocert, Certipaq et Aclave) agréés par le COFRAC, Comité français d'accréditation.

✎ *Les produits alimentaires biologiques, y compris les boissons biologiques, originaires d'un des 28 États membres de l'Union européenne et respectant les normes en vigueur, doivent afficher le nouveau logo biologique européen représenté par une feuille dessinée au moyen d'étoiles.*

Le label bio n'est pas délivré une fois pour toutes. Chaque exploitation bio est visitée au moins une fois par an, et parfois par surprise. Les contrôleurs peuvent analyser les produits ou la terre. Ils vérifient la conformité des techniques agricoles, les flux de matières premières, les achats et les ventes. Au niveau des sites de production, des contrôles inopinés sont également effectués. Les agriculteurs non respectueux du cahier des charges bio se voient suspendus de la certification AB.

Le label bio se retrouve sur les produits agricoles comme le maïs ou le soja, sur les denrées alimentaires comme le lait, les œufs, les crèmes glacées…

☺ **AVANTAGE**

Si on désire profiter du circuit court (produits de sa région et suppression des intermédiaires que sont les grandes surfaces), on peut trouver sur le site *www.mon-panier-bio.com* des distributeurs privés ou sous forme d'associations qui proposent de commander et de faire livrer des paniers de fruits et légumes biologiques dans toute la France.

✎ *Les anciens organismes gestionnaires de marques ABF et Nature et Progrès ne sont plus reconnus par le ministère de l'Agriculture comme organismes de contrôle, mais leurs marques demeurent utilisables comme marques collectives à caractère commercial et ils ont une politique plus stricte que la politique officielle en matière de bio.*

**LA MARQUE NF AGROALIMENTAIRE**

Propriété de l'AFNOR, la marque NF agroalimentaire atteste la conformité d'une denrée alimentaire aux normes existantes le concernant et, ce qui constitue son plus, a un règlement fixé pour chaque catégorie de produit (*Code rural et de la pêche maritime, Art. L. 641-13*). Ce règlement définit les procédures d'évaluation et de contrôle ainsi que les exigences relatives à la maîtrise par le fabricant de la qualité des produits normalisés. Apposée sur un jambon cuit supérieur par exemple, la marque atteste d'un référentiel de certification (NF 146-01 en l'occurrence) définissant un contrôle gustatif et une composition à partir de cuisse de porc entière, teneur élevée en protéines, sans addition de polyphosphates.

Si ces règles ne sont pas respectées par un titulaire de la marque, l'AFNOR peut suspendre le droit d'usage de la marque, voire le supprimer et engager des poursuites pour usage abusif.

AFNOR (Association française de normalisation) : 11, avenue Francis de Pressensé, 93571 La Plaine Saint Denis Cedex, Tél. : 01 41 62 80 00 et *www.afnor.org* sur Internet.

## Pas d'obligation de résultat

Un produit bio résulte d'un mode de production qui n'a utilisé ni pesticides ni engrais chimiques de synthèse. Pour rendre le sol fertile, l'agriculteur a appliqué des méthodes de travail fondées sur le recyclage des matières organiques naturelles et la rotation des cultures. Ses terres n'ont reçu aucun apport chimique depuis au moins 3 ans. Les pesticides ont été mis au ban et les engrais chimiques remplacés par du guano, du fumier, de la poudre de sabot ou de la farine de plume… Pour lutter contre les parasites, l'exploitant a eu recours à des haies, à des nids et à des prédateurs naturels tels que les coccinelles ou les araignées. L'homme s'est montré respectueux de l'environnement et, d'une manière générale, de la préservation de la bonne santé de la terre.

Tout produit qui applique scrupuleusement le cahier des charges lié à l'agriculture biologique se voit attribuer la mention AB (voir plus haut). Il s'agit d'un label qui atteste d'une obligation de moyens pas de résultat. Un muesli bio est composé de céréales et de fruits secs produits dans le respect d'un cahier des charges bien défini, mais rien ne garantit qu'il soit exempt de pesticides. Une faille dans le système que dénonce le SETRAB, Syndicat européen des transformateurs de produits de l'agriculture biologique.

Nul ne peut avancer que manger « bio » soit meilleur pour la santé ; en revanche, l'agriculture biologique est meilleure pour la nature et on constate par exemple que les fruits et les légumes sont d'une qualité différente car issus de variétés plus rustiques, que le bio respecte davantage la récolte à maturité et l'abattage des animaux à un âge avancé.

✎ *Entre agriculture bio et agriculture conventionnelle, l'agriculture raisonnée se forge un chemin bien à elle. Elle limite les apports en pesticides sans avoir la rigueur des bios. Résultat : une meilleure protection de l'environnement et des prix guère plus élevés que ceux de la filière traditionnelle.*

## *L'élevage biologique*

Le mode d'élevage en agriculture biologique est rappelé dans le règlement CE n° 1804/1999 du 19/7/1999. Quatre grands principes y figurent :

- C'est l'élevage qui fournit les matières organiques et les éléments nutritifs nécessaires aux terres cultivées, contribuant ainsi à l'amélioration du sol et au développement d'une agriculture durable.
- L'élevage biologique assure un lien étroit entre l'élevage et les terres agricoles par pratique de rotations pluriannuelles et par l'alimentation des animaux qui provient de produits obtenus sur l'exploitation même. L'agriculture biologique a toujours interdit l'utilisation des farines et graisses animales (hors espèces aquatiques) dans l'alimentation des animaux, et ce avant leur interdiction au niveau national.
- L'élevage pastoral sur les zones abandonnées est particulièrement adapté.
- Une grande biodiversité est encouragée et le choix des races doit prendre en compte leur capacité d'adaptation aux conditions du milieu.

Le règlement (CE) n° 834/2007 du 28/6/2007 fixe les règles relatives à la production biologique et l'étiquetage des produits biologiques. Ce règlement est complété par le règlement (CE) n° 889/2008 du 5/9/2008. Le cahier des charges concernant le mode de production biologique d'animaux d'élevage en application de ces règlements a été homologué par un arrêté du 5/1/2010.

Ce cahier des charges est consultable sur le site de l'INAO : *www.inao.gouv.fr*.

**EN SAVOIR PLUS SUR LE BIO**

✓ FNAB, Fédération nationale d'agriculture biologique : organisme professionnel à vocation syndicale créé en 1978, la FNAB fédère les groupements régionaux d'agrobiologistes et vise un développement cohérent et durable du mode de production biologique français.

FNAB : 40, rue de Malte, 75011 Paris, Tél. : 01 43 38 38 69 et sur Internet : *www.fnab.org*.

✓ Ministère de l'Agriculture, Bureau de la qualité : 3, rue Barbet-de-Jouy, 75349 Paris SP 07, Tél. : 01 49 55 49 83, et sur Internet : *www.agriculture.gouv.fr*.

✓ SYNABIO, Syndicat national des entreprises bio : créé en 1976, par les professionnels de la filière Agriculture biologique, c'est le seul syndicat national qui représente les transformateurs et les opérateurs de première mise sur le marché de l'agriculture biologique sur le territoire français.

SYNABIO : 16, rue Montbrun, 75014 Paris, Tél. : 01 48 04 01 49, et sur Internet : *www.synabio.com*.

### *Les produits transformés*

Lait, beurre ou sauce tomate… pour qu'un produit transformé puisse porter la mention AB, il doit répondre à quatre conditions :

– au moins 95 % des ingrédients d'origine agricole dans le produit final sont bio ;

– les 5 % au maximum d'ingrédients non bio sont soit inscrits à l'annexe IX du règlement CE n° 889/2008 du 5/9/2008, soit ont reçu une autorisation délivrée par l'autorité de l'État membre ;

– les additifs utilisés doivent avoir fait l'objet d'une autorisation d'utilisation dans la production biologique conformément aux dispositions de l'article 21 du même règlement ;

– lors de sa préparation, le produit et ses ingrédients n'ont pas subi de traitement au moyen de rayons ionisants.

## Les plats « faits maison »

L'appellation « fait maison » utilisée depuis longtemps dans les activités de restauration commerciale et d'ailleurs sanctionnée à de nombreuses reprises par les tribunaux en cas d'abus fait l'objet, depuis l'intervention de la loi du 17/3/2014 (dite « loi Hamon »), d'une définition et d'une protection législative (*Code de la consommation, Art. L. 122-19 et L. 122-20*).

Un plat « fait maison » doit à la fois être élaboré sur place et à partir de produits bruts. Un produit brut « est un produit alimentaire cru ne contenant, notamment à l'occasion de son conditionnement ou du procédé utilisé pour sa conservation, aucun assemblage avec d'autre produit alimentaire excepté le sel ».

Toutefois, les produits que le consommateur ne s'attend pas à voir réaliser par le restaurateur lui-même (fromages, légumes, charcuteries, pain…) peuvent entrer dans la composition des plats « faits maison ».

En revanche, ne peuvent plus entrer dans la composition d'un plat « fait maison » les produits qui ont été réceptionnés par le professionnel épluchés, pelés, tranchés, coupés…, mais aussi fumés ou salés ou encore réfrigérés, congelés, surgelés ou conditionnés sous vide.

Les restaurants et les entreprises de vente à emporter de plats préparés sont autorisés à préciser sur leurs cartes ou tout autre support qu'un plat proposé est « fait maison ».

Un logo officiel « fait maison » (représentant une casserole surmontée d'un toit) peut être apposé par les professionnels.

## Les « plus » non contrôlés

L'emballage étant un support publicitaire rêvé, fabricants et distributeurs l'utilisent pour y apposer leurs propres satisfecit.

### *Élu « Produit de l'année »*

C'est un logo à forte notoriété qui recouvre un prix professionnel, inventé il y a plus de 20 ans : « Le grand prix marketing innovation ». Il récompense des innovations techniques concernant l'emballage ou l'utilisation du produit. Un panel de consommateurs représentatif est invité à se prononcer sur dossier. Sans tester les produits, ils donnent leur avis sur le caractère novateur des denrées présentées.

### *Élu « Saveur de l'année »*

Des tests gustatifs se référant aux normes AFNOR sont soumis à des consommateurs. L'appellation donne l'assurance d'un « bon goût » mais elle n'apporte aucune indication de qualité sur le produit et, bien sûr, elle n'est pas contrôlée par l'AFNOR.

### *Produit en Bretagne*

Pour promouvoir leur production, 170 entreprises bretonnes se sont rassemblées. Actuellement, plus de 3 000 produits environ témoignent de leur volonté de mettre en avant leur savoir-faire. Ils ne sont pas nécessairement originaires de Bretagne puisqu'il suffit qu'ils y aient été transformés. C'est ainsi que sous l'estampille « Produit en Bretagne » vous pouvez retrouver des noix de Saint-Jacques provenant de Russie ou d'Argentine !

## La reconnaissance des distributeurs

« Filière qualité » chez Carrefour, « Terre de Saveur » chez Monoprix ou « Agriculture raisonnée » chez Auchan... Les signes de qualité des distributeurs fleurissent au fil des inquiétudes alimentaires. Ils répondent tous à un cahier des charges dont certains sont parfois l'équivalent d'un certificat de conformité. Astuce marketing ou réel signe de qualité ? La marge est souvent étroite.

## Les mentions de type « à l'ancienne », « fermier »...

Le lien avec la terre et la tradition représente pour le consommateur un atout. Que recouvrent les expressions de type « à l'ancienne » ou « fermier » ? Sont-elles contrôlées ? Les allégations utilisées par les équipes de marketing ne sont pas toutes codifiées. En revanche, il est du ressort de la Direction générale de la concurrence, de la consommation et de la répression des fraudes de vérifier en permanence qu'il n'y ait pas tromperie du consommateur ou publicité mensongère. À tout moment, ils peuvent demander au professionnel qui utilise ces mentions, ses justificatifs. Si la mention est abusive, la DGCCRF dresse un procès-verbal et le Parquet entame des poursuites judiciaires.

■ « À l'ancienne » ne peut, selon la doctrine administrative, s'appliquer que pour un processus de fabrication correspondant à des usages traditionnels répertoriés ou lorsqu'il est fait appel à des techniques de fabrication ou à des recettes artisanales d'autrefois. C'est ainsi qu'un fabricant de « chips à l'ancienne » a été condamné du fait que ses chips étaient préparées comme des chips courantes sauf en ce qui concerne la coupe plus fine et la durée de cuisson plus longue qui permettent d'obtenir des chips plus croustillantes, plus huileuses.

■ « Artisanal » s'emploie pour un produit dont le fabricant possède la qualité d'artisan inscrit au Registre des métiers.

■ « Fermier » renvoie au fermier et à ses animaux, élevés par lui, dans l'imaginaire collectif. Ce terme doit être utilisé dans des conditions qui ne soient pas trompeuses pour le consommateur. Il ne peut s'appliquer qu'à des produits élevés ou récoltés sur une exploitation agricole à une échelle et de façon non industrielle. Si les produits ont subi une transformation, elle doit avoir été effectuée sur les lieux de production et sous le contrôle permanent et effectif de l'agriculteur. Des spécifications particulières existent pour chaque produit (notamment produits laitiers et fromages, œufs, volailles et lapins...).

La définition jurisprudentielle a évolué ces dernières années pour tenir compte de la réalité économique. Il peut donc être admis qu'un produit conserve son caractère fermier malgré l'élargissement des méthodes de production, à la double condition que l'entreprise conserve un contrôle direct sur les agriculteurs auprès desquels elle s'approvisionne et que la proximité du lieu en favorise le contrôle.

■ « Frais » a fait l'objet d'un avis du Conseil national de la consommation, le 8/2/1990. Hormis pour certains produits où il existe une définition réglementaire (fromages, crèmes...), « frais » remplit une triple condition :

– le produit possède au moment de la vente les caractéristiques essentielles qu'il présentait lors de sa production ou de sa fabrication ;

– il n'a pas été conservé (exception faite pour la réfrigération et parfois la pasteurisation) grâce à des traitements physiques (stérilisation, congélation, irradiation...) ou à l'aide d'additifs chimiques ;

– il est soumis à l'indication d'une date limite de consommation.

■ « Naturel » indique un produit que l'on trouve dans la nature ou aussi proche que possible de son milieu d'origine, non transformé et non traité et ne comportant que des constituants normaux sans additifs, ni résidus ou corps étrangers. Cet adjectif est défini par la réglementation pour certains produits : conserves de poissons, huiles, eaux minérales notamment.

■ « Nouveau » suggère que le produit a moins d'1 an. Appliqué à un produit existant, le qualificatif indique une modification substantielle ; il ne peut pas s'agir d'un simple changement d'étiquetage ou de présentation.

■ « Traditionnel » s'entend pour les produits ne renfermant pas d'additifs et fabriqués selon des recettes respectueuses de la tradition sur le plan des dénominations et de la composition notamment.

## EN SAVOIR PLUS SUR LES SIGNES DE QUALITÉ

Au ministère de l'Agriculture, le Bureau des signes de qualité et de l'agriculture biologique est en charge de la gestion des labels, des cahiers de conformité et de la réglementation en matière d'agriculture biologique. Vous pouvez le contacter pour avoir connaissance de l'intégralité de la charte de qualité relative à un produit particulier ou pour recevoir la brochure « Produits bio : mode d'emploi ».

Bureau de la Qualité 3, rue Barbet-de-Jouy, 75349 Paris SP 07, Tél. : 01 49 55 49 83, et sur Internet : *www.agriculture.gouv.fr.*

# Cas pratiques

## Démarchage (vente hors établissement) - artisan appelé en dépannage

*J'ai appelé en dépannage un vitrier pour changer un carreau qui venait d'être cassé chez moi. Celui-ci m'a proposé d'en profiter pour changer toute la fenêtre. Est-ce que cette proposition relève du démarchage ?*

Oui. Le consommateur est protégé quand il est démarché à son domicile, même à sa demande.

C'est ce qu'a jugé la Cour de cassation dans un cas proche du vôtre. Un serrurier, intervenu à la demande d'un client pour réparer une serrure, lui avait proposé sur place la fourniture et la pose d'un verrou de sûreté.

Dans un premier temps, le tribunal a estimé que ce commerçant, appelé par son client pour un dépannage à l'occasion duquel la vente avait été conclue, n'avait pas pratiqué de démarchage.

La Cour de cassation a censuré cet arrêt, les règles de la vente à domicile devant être appliquées et respectées par ce commerçant (*Cour de cassation, 1re chambre civile, 3/3/1993*).

Cette décision a été rendue sous l'ancienne législation. L'actuel article L. 221-1 du Code de la consommation prévoit spécifiquement qu'est notamment une vente hors établissement (nouvelle dénomination pour le démarchage) la vente conclue « dans un lieu qui n'est pas celui où le professionnel exerce son activité en permanence ou de manière habituelle, en la présence physique simultanée des parties, y compris à la suite d'une sollicitation ou d'une offre faite par le consommateur ».

## Démarchage (vente hors établissement) - démarchage téléphonique à domicile

*J'ai acheté un aspirateur chez un commerçant qui m'avait auparavant démarché par téléphone. Quelle législation s'applique à cette vente ?*

La loi étend la protection du consommateur à la vente conclue dans le magasin d'un commerçant d'une marchandise à un client démarché chez lui par téléphone. En effet, la sollicitation du consommateur peut résulter d'un appel téléphonique à son domicile.

C'est ce qu'a jugé la Cour de cassation dans le cas d'une vente conclue dans un magasin avec un consommateur invité par téléphone à s'y rendre sous prétexte de retirer un cadeau.

La magasin a été condamné pour infraction à la législation sur le démarchage (*Cour de cassation, Chambre criminelle, 10/1/1996*).

Cette décision a été rendue sous l'ancienne législation. L'actuel article L. 221-1 du Code de la consommation prévoit spécifiquement qu'est notamment une vente hors établissement (nouvelle dénomination pour le démarchage) la vente conclue « dans le lieu où le professionnel exerce son activité en permanence ou de manière habituelle ou au moyen d'une technique de communication à distance, immédiatement après que le consommateur a été sollicité personnellement et individuellement dans un lieu différent de celui où le professionnel exerce en permanence ou de manière habituelle son activité et où les parties étaient, physiquement et simultanément, présentes ».

## Démarchage (vente hors établissement) - versement d'un acompte à la commande

*Un démarcheur peut-il me demander le versement d'une somme d'argent à partir du moment où j'ai accepté l'achat ?*

Non. Il n'est pas possible pour les démarcheurs d'obtenir un versement de fonds avant l'expiration du délai de réflexion (*Code de la consommation, Art. L. 221-10*).

Pour la jurisprudence, cette interdiction vise tous les modes de règlement. Par exemple, il a été jugé que cette interdiction visait notamment un chèque remis, même s'il n'a pas été encaissé.

Cette attitude du démarcheur peut entraîner l'annulation du contrat et/ou l'application d'une sanction pénale (*Cour de cassation, 1re chambre civile, 18/6/1996*).

## Loterie - responsabilité de l'organisateur

*J'ai reçu un courrier m'annonçant que j'avais gagné la somme de 10 000 € au tirage au sort. L'organisateur refuse de me verser cette somme sous prétexte qu'il y aurait eu des conditions dans la description du jeu (un aléa) et que je ne les respectais pas. Quelles sont mes chances de succès si j'intente un procès à la société ?*

Un arrêt vient de confirmer la condamnation d'un organisateur de loterie en précisant que l'organisateur d'un jeu publicitaire qui annonce un gain à personne dénommée sans mettre en évidence, à première lecture, l'existence d'un aléa, s'oblige par ce fait purement volontaire, à le délivrer (*Cour de cassation, 1re chambre civile, 19/3/2015*).

Dans cette affaire, il était relevé que la société avait répété de manière très apparente, sans aucune nuance donnant à penser à un quelconque aléa, son engagement de payer la somme attribuée à la personne déclarée gagnante sous contrôle d'un huissier de justice. Seule une lecture minutieuse permettait de découvrir en caractères minuscules, souvent serrés et grisés, quelques rares allusions au caractère hypothétique du gain promis. La case à cocher, mentionnant l'existence d'un aléa, était suivie d'une autre case, davantage mise en évidence, qui visait à réclamer l'attribution immédiate du gain annoncé.

Enfin, le règlement était trop peu apparent et trop confus pour permettre au consommateur d'en déduire l'existence d'un aléa. Ayant retenu que les documents envoyés ne mettaient pas en évidence, à première lecture, l'existence d'un aléa, les juges ont condamné la société à régler le gain annoncé.

## Pratique commerciale trompeuse - opérateur téléphonique

*J'ai été démarchée par un opérateur de téléphonie mobile qui m'a envoyé une publicité très alléchante mais qui reste floue sur plusieurs points, en particulier au niveau des tarifs. L'opérateur a-t-il des obligations d'information des consommateurs quand il fait de la publicité ?*

Oui, au risque d'être condamné pour publicité de nature à induire en erreur. En voici un exemple où le dirigeant a été condamné à 4 mois d'emprisonnement avec sursis et 35 000 € d'amende et la société à 10 000 € d'amende.

Pour convaincre les consommateurs prospectés par téléphone de changer d'opérateur téléphonique, les agents commerciaux d'une société de téléphonie développaient au téléphone un argumentaire relatif aux tarifs des communications à la seconde ne comportant de précision ni sur le coût de chaque connexion, ni sur celui des paiements par chèque et sur le montant mensuel minimum de la facturation.

En outre, les plaquettes publicitaires envoyées par courrier aux personnes démarchées ne précisaient ni l'adresse du siège de la société et la durée de validité des offres, ni l'existence du droit de rétractation. De plus, elles fournissaient aux consommateurs une information parcellaire sur les tarifs réellement pratiqués.

Enfin, ces plaquettes comportaient des précisions difficiles à trouver sur la nature exacte des engagements des parties, en raison notamment de la police de caractères employée (*Cour de cassation, Chambre criminelle, 15/12/2009*).

Sur un plan général, le commerçant doit fournir au consommateur, de manière lisible et compréhensible, un certain nombre d'informations avant la signature du contrat énumérées par les articles L. 111-1 et suivants du Code de la consommation.

## Pratique commerciale trompeuse - location de vacances

*J'ai loué un appartement à la montagne sensé être, d'après la publicité, à 5 minutes des pistes. Or il s'est avéré que nous devions marcher 20 minutes pour arriver au premier télésiège. Par ailleurs, le matériel mis à notre disposition dans le logement était souvent cassé ou sale. Puis-je me retourner contre le loueur et demander une indemnisation ?*

Dans une affaire proche de la vôtre, les juges ont considéré que constituait une publicité de nature à induire en erreur, le fait d'annoncer qu'une location saisonnière est à 10 minutes de la mer et est munie de tout le confort alors que les premières plages se trouvent à 25 minutes de la location, que les appareils ménagers sont vétustes et les installations électriques dangereuses.

En l'espèce, le procès-verbal de la DGCCRF indiquait que la location ne correspondait pas à ce qu'on pouvait attendre d'une location annoncée tout confort.

Le délit était donc constitué et le loueur a été condamné à indemniser les vacanciers (*Cour d'appel de Rennes, 22/6/2006*).

## Clauses abusives - établissement scolaire et maladie de l'élève

*Je pratique le piano et j'ai signé un contrat d'un an de cours hebdomadaire avec une école de musique. Mais à la suite d'un accident, j'ai eu le bras plâtré et n'ai plus pu me rendre aux cours. L'école a-t-elle le droit d'exiger le paiement de toute l'année, comme le prévoit le contrat, et ce quel que soit le motif de l'annulation ?*

Non, elle n'en a pas le droit. En effet, il a été jugé qu'est abusive la clause prévoyant le versement de la totalité du prix quel que soit le motif de l'annulation du contrat d'enseignement, une telle clause procurant à l'école un avantage excessif en imposant à l'élève le paiement de frais de scolarité, même en cas d'inexécution du contrat imputable à l'établissement ou causée par un cas fortuit ou un événement de force majeure (ce que constitue l'invalidité de l'élève suite à un accident).

La Cour de cassation a jugé qu'était abusive la clause qui fait du prix total de la scolarité un forfait intégralement acquis à l'établissement scolaire dès la signature du contrat et qui, sans prévoir le cas d'une résiliation pour un motif légitime et impérieux, ne permet une dispense partielle du règlement des frais qu'en cas de force majeure (*Cour de cassation, 1re chambre civile, 13/12/2012*).

## Publicité comparative

*Peut-on, dans une publicité comparative, dénigrer un concurrent ?*

La publicité comparative est celle qui met en comparaison des biens ou services en identifiant (implicitement ou explicitement) un concurrent ou des biens ou des services offerts par un concurrent.

Cette publicité ne doit pas être trompeuse et doit porter sur des biens ou des services répondant aux mêmes besoins ou ayant le même objectif.

Le fait, sous couvert d'une publicité comparative, de dénigrer un concurrent est un acte déloyal susceptible d'être sanctionné.

C'est ce qui a été jugé par la Cour de cassation dans un litige qui opposait deux fabricants de cafetières. La publicité litigieuse montrait d'un côté des capsules de café Nespresso facilement identifiables percées, tordues ou écrasées, associées au slogan « faites du goût pas de déchets » et de l'autre côté, une cafetière Bodum surmontée du slogan « assurément la meilleure façon de faire du café ».

Cette publicité, qui mettait exclusivement en avant une caractéristique négative du produit d'un concurrent, était de nature à jeter le discrédit sur celui-ci. Elle a donc été considérée comme abusive (*Cour de cassation, Chambre commerciale, 25/9/2012*).

# Modèles

## Porter réclamation au transporteur en cas de livraison défectueuse

L'objet que le livreur vous a remis est endommagé. Après avoir émis des réserves sur le bon de livraison, vous adressez, en recommandé, une lettre de réclamation au transporteur.

✉ *Recommandée avec avis de réception*

*Nom, prénom*
*Adresse*
*Code postal, ville*

*Coordonnées du transporteur*

*Ville, date*

*Monsieur (ou Madame),*

*En date du ..., j'ai acheté, dans le magasin ... (nom du magasin), situé ... (adresse du magasin), un(e) ... (nom de l'objet).*

*Or, si vos transporteurs m'ont bien livré le produit, le... (indiquer la date de la livraison), j'ai constaté, lors du déballage, qu'il était endommagé. En effet, ... (faire une description précise du problème). Je vous confirme, par la présente, les réserves que j'avais déjà émises sur le bon de livraison.*

*Selon l'article L.133-1 du Code de commerce, vous êtes présumé responsable de ces dommages. Je vous demande donc de bien vouloir m'indiquer, rapidement, les suites que vous comptez donner à ce problème.*

*Dans l'attente de votre réponse, je vous prie de croire, Monsieur (ou Madame), à l'expression de mes salutations distinguées.*

*Signature*

# Faire jouer la garantie contractuelle

Vous avez acheté un appareil électroménager et celui-ci est continuellement en panne.

✉ *Recommandée avec avis de réception*

*Nom*
*Adresse*
*Code postal, ville*

*Nom et adresse du commerçant*
*Code postal, ville*

*Ville, date*

*Monsieur (ou Madame),*

*J'ai acheté le ......... (indiquer la date) un ................ (indiquer le nom de l'appareil).*

*Cet appareil est tombé en panne (ou présente de nombreux dysfonctionnements limitant son utilisation : expliquer la nature de ces dysfonctionnements).*

**1re hypothèse** : *en dépit de mes demandes répétées, vous avez refusé de le réparer.*

**2e hypothèse** : *en dépit des nombreuses réparations que vous avez effectuées sur cet appareil, celui-ci est régulièrement en panne.*

*Je vous mets donc en demeure de le réparer de façon définitive ou, à défaut, de m'échanger ce ........... (indiquer le nom de l'appareil) contre un appareil en état de fonctionnement, conformément à l'article ......... (indiquer le numéro de l'article du contrat de vente).*

*Si je n'obtiens pas satisfaction dans les quinze jours, je me verrais dans l'obligation de saisir la juridiction compétente et de demander des dommages-intérêts.*

*Recevez, Monsieur (ou Madame), l'assurance de mes salutations distinguées.*

*Signature*

# Contester un achat effectué par carte bancaire (auprès du vendeur)

Vous avez payé par carte bancaire un article figurant sur un catalogue de vente par correspondance ou sur Internet, et la commande n'a pas été exécutée.

*Nom*
*Adresse*
*Code postal, ville*

*Nom de la société de vente par correspondance*
*(ou du site Internet)*
*Adresse*
*Code postal, ville*

*Ville, date*

*Monsieur (ou Madame)*

*Mon dernier relevé de carte bancaire fait état d'un débit d'une somme de ....... € (indiquer le montant de la somme) réglé par carte bancaire en votre faveur et concernant ....... (indiquer l'article sélectionné sur le catalogue) ou sur votre site Internet (indiquer la dénomination du site).*

*En l' absence de livraison du bien commandé suite à son indisponibilité, vous devez, conformément à l'article L. 216-3 du Code de la consommation, me rembourser dans un délai de 14 jours maximal les sommes versées. Passé ce terme, le montant que vous me devez sera majoré, conformément aux dispositions de l'article L. 241-4 du Code de la consommation.*

*Je vous demande donc d'intervenir dans les plus brefs délais pour autoriser ma banque (indiquer le nom et l'adresse de votre agence bancaire) à recréditer la somme prélevée sur mon compte.*

*En vous remerciant, veuillez accepter, Monsieur (ou Madame), ................*

*Signature*

# Faire jouer le délai de rétractation

Vous avez acheté un bien de consommation financé par un crédit. Vous souhaitez quelques jours plus tard vous rétracter.

✉ *Recommandée avec avis de réception*

*Nom*
*Adresse*
*Code postal, ville*

*Nom et adresse de l'établissement financier*
*Code postal, ville*

*Ville, date*

*Référence du dossier*

*Monsieur (ou Madame),*

*J'ai signé un bon de commande le ...................... pour un montant de ................*

*J'ai le même jour accepté l'offre préalable de crédit que me proposait votre établissement pour un montant de......................., afin de financer cet achat.*

*Conformément à l'article L. 312-19 du Code de la consommation prévoyant une faculté de rétractation pendant un délai de 14 jours, je déclare renoncer à l'offre de crédit référencée ci-dessus.*

*Veuillez croire, Monsieur (ou Madame), ...............*

*Signature*

✎De délai de rétractation commence à courir le lendemain de la signature du contrat de prêt et s'achève 14 jours plus tard. Si ce dernier jour est un samedi, un dimanche, un jour férié ou un jour chômé, ce délai est prolongé jusqu'au premier jour ouvrable suivant.

# Engager une action en responsabilité pour article défectueux

Vous avez acheté une perceuse électrique. À la suite d'un dysfonctionnement affectant ce produit, vous avez été blessé. Vous demandez un dédommagement.

✉ *Recommandée avec avis de réception*

*Nom*
*Adresse*
*Code postal, ville*

*Nom*
*Adresse*
*Code postal, ville*

*Ville, date*

*Monsieur (ou Madame),*

**1er cas** : *action en responsabilité engagée contre le distributeur*

*J'ai acheté dans votre magasin un... (indiquer le nom du produit) fabriqué par... (indiquer le nom du fabricant).*

**2e cas** : *action en responsabilité engagée contre le fabricant*

*J'ai acheté un... (indiquer le nom du produit et les références, le cas échéant), fabriqué dans vos usines, dans le magasin qui porte l'enseigne... (indiquer le nom du magasin) sis à... (indiquer l'adresse).*

*Dans tous les cas :*

*Or,... (exposer les faits).*

*Suite au dysfonctionnement de ce/cette... (indiquer le nom du produit), j'ai eu à déplorer (énumérer les dommages que vous avez subis).*

*Par conséquent je souhaiterais être dédommagé du préjudice subi.*

*Je me tiens à votre disposition pour vous fournir de plus amples renseignements.*

*Dans l'attente de votre proposition d'indemnisation, je vous prie d'agréer, Monsieur (ou Madame), l'assurance de mes salutations distinguées.*

*Signature*

✎ Si le producteur ne peut être identifié, le vendeur est responsable du défaut de sécurité du produit dans les mêmes conditions que le producteur, à moins qu'il ne désigne son propre fournisseur ou le producteur dans un délai de 3 mois à compter de la date à laquelle la demande de la victime lui a été notifiée.

# Consulter une association de défense des consommateurs

Le service consommateur de la société avec laquelle vous êtes en désaccord ne vous répond pas ou sa réponse ne vous satisfait pas. Vous pouvez donner du poids à votre dossier en vous faisant aider par l'antenne locale d'une association de consommateurs.

*Nom*
*Adresse*
*Code postal, ville*

*Coordonnées de l'association*
*de consommateurs*
*Adresse*
*Code postal, ville*

*Ville, date*

*Monsieur (ou Madame),*

*En date du..., j'ai opté pour le dégroupage total et souscrit un abonnement téléphonique et Internet auprès du fournisseur d'accès Internet ....*

*Or, depuis plus de ... semaines, très exactement depuis le ..., je n'ai plus ni connexion Internet, ni ligne téléphonique. J'ai tout de suite signalé ce dysfonctionnement au service technique de ... (nom du FAI) qui m'a dit faire le nécessaire. Mais rien n'a changé.*

*Après plusieurs relances du service technique sans réponse satisfaisante, j'ai écrit au service consommateurs pour leur demander des explications claires sur le problème ainsi que sa résolution dans les plus brefs délais. J'ai également réclamé le remboursement de l'abonnement mensuel versé pour rien, ainsi que des dommages-intérêts car l'absence de réseau m'a causé les préjudices suivants : ...(exemple : rendez-vous professionnels ratés).*

*Mais, le service consommateurs m'a répondu que ...(décrire la réponse défavorable).*

*Aussi, souhaitant porter ce dossier devant le Médiateur des communications électroniques, je désirerais obtenir à la fois votre avis sur le dossier et, si vous estimez qu'il est solide, que vous m'épauliez dans ma démarche auprès du Médiateur.*

*Dans l'attente de votre réponse, je vous prie de croire, Monsieur (ou Madame), à l'expression de mes salutations distinguées.*

*Signature*

✎Vous trouverez la liste et les coordonnées des associations nationales sur le site Internet : *www.conso.net.*

# Annuler une vente à domicile pendant le délai de rétractation

Suite à un démarchage à domicile, vous avez souscrit un abonnement, commandé un produit ou sollicité une prestation de services (par exemple, la pose de volets roulants). Après réflexion, vous estimez que c'est superflu. Vous annulez votre commande.

✉ *Recommandée avec avis de réception*

*Nom*
*Adresse*
*Code postal, ville*

*Nom et adresse du professionnel*
*Code postal, ville*

*Objet : bon de rétractation*

*Ville, date*

*Je notifie par la présente ma rétractation du contrat portant sur la vente du bien (préciser de quel bien il s'agit).*

*Ou*

*Je notifie par la présente ma rétractation du contrat pour la prestation de services commandés (ou reçu) le (date).*

*Signature*

*Fait à (ville), le (date)*

# Annuler une vente à domicile pour abus de faiblesse

Un démarcheur peu scrupuleux a profité de la faiblesse de votre grand-mère très âgée pour lui vendre un produit très cher dont elle n'a absolument pas besoin. Vous demandez l'annulation de la commande pour abus de faiblesse.

✉ *Recommandée avec avis de réception*

*Nom, prénom*
*Adresse*
*Code postal, ville*

*Coordonnées de la société*
*Code postal, ville*

*Ville, date*

*Référence : n° du bon de commande*

*Monsieur (ou Madame),*

*Le … (date), l'un de vos démarcheurs, Monsieur (ou Madame) X… s'est rendu au domicile de ma grand-mère, Madame Y…, mal voyante et âgée de 92 ans, pour lui vendre un ensemble Home cinéma d'un montant de … €.*

*Du fait de son grand âge (ou décrire tout autre raison expliquant son état de faiblesse), cette dernière n'était pas en mesure d'apprécier la portée de l'engagement qu'elle prenait.*

*Votre démarcheur a profité de la situation et s'est rendu coupable d'un abus de faiblesse, délit sanctionné par l'article L.132-14 du Code de la consommation.*

*En conséquence, je vous demande d'annuler cette commande et de lui rembourser la somme de… € qu'elle vous a versée.*

*Dans cette attente, je vous prie de croire, Monsieur (ou Madame), à l'expression de mes salutations distinguées.*

*Signature*

# Demander le remboursement du produit après l'avoir retourné (vente à distance)

Vous avez retourné la table de cuisine que vous aviez commandée par correspondance, mais le professionnel tarde à vous rembourser.

✉ *Recommandée avec avis de réception*

*Nom*
*Adresse*
*Code postal, ville*

*Nom et adresse de la société*
*Code postal, ville*

*Ville, date*

*Référence de la commande*

*Monsieur (ou Madame),*

*Par courrier en date du … (date de renvoi de la commande), je vous ai retourné ….. (préciser l'article renvoyé) qui m'avait été livré le …(date) et vous ai demandé de me rembourser la somme correspondante de … €.*

*J'ai ainsi exercé mon droit de rétractation conformément aux dispositions de l'article L. 221-18 du Code de la consommation.*

*Or, à ce jour, je n'ai toujours pas été remboursé(e).*

*Aussi, je vous mets en demeure de me rembourser cette somme de … € dans les plus brefs délais. À défaut, la somme due sera majorée conformément à l'article L. 242-4 du Code de la consommation.*

*Comptant sur votre diligence, veuillez agréer, Monsieur (ou Madame), l'expression de ma considération distinguée.*

*Signature*

✎ Si vous rencontrez des difficultés pour vous faire rembourser, vous pouvez alerter la Direction départementale de la protection des populations (DDPP).

# Contester une livraison non conforme (vente à distance)

Une entreprise de vente à distance vous a livré un produit qui ne correspond pas à celui que vous avez commandé.

✉ *Recommandée avec avis de réception*

*Nom*
*Adresse*
*Code postal, ville*

*Nom et adresse de l'entreprise*
*Code postal, ville*

*Ville, date*

*Référence de la commande*

*Monsieur (ou Madame),*

*J'ai passé commande le .................... (date) de (objet). Or, j'ai reçu ...................... (indiquer objet).*

*En conséquence, je vous renvoie l'objet non commandé.*

*Je vous prie donc de bien vouloir me livrer le .............. (indiquer l'objet) et me rembourser les frais occasionnés par le retour du produit que vous m'avez envoyé par erreur.*

*Veuillez agréer, Monsieur (ou Madame), l'assurance de mes salutations distinguées.*

*Signature*

*PJ : bon de commande et bon de livraison.*

# Annuler une vente pour vice caché

Vous avez acheté un fer à repasser. Or, après l'avoir utilisé, vous constatez qu'il présente de nombreux dysfonctionnements qui rendent difficile son utilisation.

✉ *Recommandée avec avis de réception*

*Nom*
*Adresse*
*Code postal, ville*

*Nom et adresse du commerçant*
*Code postal, ville*

*Ville, date*

*Bon de commande n°..........*

*Monsieur (ou Madame),*

*J'ai acheté dans votre magasin le ............ (indiquer la date et le n° du bon de commande) un .......... (indiquer l'objet) qui présente des défauts (indiquer ces défauts).*

*Je souhaite, en vertu des dispositions des articles 1641 et suivants du Code civil,*
*1 - garder le... (indiquer l'objet) et obtenir le remboursement d'une partie du prix.*
*2 - vous rendre le... (indiquer l'objet) et obtenir le remboursement de la somme versée.*

*Veuillez croire, Monsieur (ou Madame), .............*

*Signature*

# Réagir en cas de tromperie sur la qualité de la marchandise

De retour chez vous, vous vous apercevez que la magnifique bibliothèque que vous venez d'acheter n'est pas en chêne mais en contreplaqué !

✉ *Recommandée avec avis de réception*

*Nom*
*Adresse*
*Code postal, ville*

*Nom et adresse du vendeur*
*Code postal, ville*

*Ville, date*

*Monsieur (ou Madame),*

*Le..... (date), j'ai acheté en votre magasin une bibliothèque en..... (préciser ses principales matières ou essences : chêne, merisier, massif...).*

*Or, je constate que contrairement à ce qui est indiqué sur la facture (le catalogue, le bon de commande...), ce meuble est en fait en contreplaqué.*

*Je vous mets donc en demeure de me livrer dans les plus brefs délais le meuble en bois massif que je vous ai commandé.*

*Ou*

*Je vous mets donc en demeure de me rembourser intégralement la somme que je vous ai versée et de considérer que la commande est annulée.*

*Dans le cas contraire, je me verrai obligé de porter plainte pour tromperie sur la marchandise et de saisir les autorités compétentes, en vertu de l'article L. 441-1 du Code de la consommation.*

*Veuillez agréer, Monsieur (ou Madame), l'expression de mes sentiments distingués.*

*Signature*

# Réagir à des dommages résultant de travaux

Vous avez fait appel à une société pour des travaux de plomberie ou autres. Suite à ces travaux, des dégâts ont été causés.

✉ *Recommandée avec avis de réception*

*Nom*
*Adresse*
*Code postal, ville*

*Nom et adresse de l'artisan*
*Code postal, ville*

*Ville, date*

*Monsieur (ou Madame),*

*À la suite de travaux de… (indiquer la nature des travaux) que vous avez effectués à mon domicile, j'ai eu à déplorer des dommages. En effet,… (indiquer la nature de ces dommages).*

*Conformément aux articles 1221 et suivants du Code civil, votre responsabilité contractuelle est engagée.*

*Je souhaite donc être indemnisé du préjudice subi. Vous trouverez ci-joint la facture des réparations effectuées.*

*Dans cette attente, recevez, Monsieur (ou Madame), l'assurance de mes salutations distinguées.*

*Signature*

*PJ : facture des réparations*

# Faire une réclamation pour des travaux non achevés

Vous avez fait appel à une entreprise pour réaliser des travaux. Or, l'artisan abandonne le chantier sans avoir exécuté la totalité des travaux. Vous souhaitez l'obliger à réaliser ce qui était convenu.

✉ *Recommandée avec avis de réception*

*Nom*
*Adresse*
*Code postal, ville*

*Nom et adresse de l'entreprise*
*Code postal, ville*

*Ville, date*

*Monsieur (ou Madame),*

*Nous vous avons réglé la somme de… € (indiquer le montant) pour la réalisation de travaux dans notre appartement, conformément au devis que vous nous avez établi.*

*À ce jour, vous n'avez effectué qu'une partie des travaux payés. En dépit de nos nombreux appels téléphoniques, nous restons sans nouvelles de votre part.*

*Je vous mets donc, par la présente, en demeure d'exécuter les travaux. À défaut, nous serons contraints de saisir le tribunal pour obtenir l'autorisation de faire appel à une autre entreprise qui effectuera les travaux à vos frais.*

*Je vous prie de croire, Monsieur (ou Madame),..............*

*Signature*

# Contester un dépassement de devis

Vous avez demandé un devis à un artisan pour réaliser des travaux. Or, après exécution de ces travaux, l'artisan vous présente une facture d'un montant supérieur à celui prévu initialement.

*Nom*
*Adresse*
*Code postal, ville*

*Nom et adresse de l'entrepreneur*
*Code postal, ville*

*Ville, date*

*Monsieur (ou Madame),*

*Le devis que vous m'avez adressé le… (date) prévoyait pour les travaux de… (indiquer la nature des travaux) une somme globale de… € (montant).*

*Or, je reçois une facture qui comporte un prix supérieur au montant fixé dans le devis initial. N'ayant pas demandé de travaux supplémentaires, rien ne justifie cette augmentation de prix.*

*Je vous rappelle qu'un devis signé a la valeur d'un contrat et qu'aux termes de l'article 1103 du Code civil « les contrats légalement formés tiennent lieu de loi à ceux qui les ont faits ».*

*En conséquence, je ne réglerai que la somme prévue dans le devis initial.*

*Veuillez croire, Monsieur (ou Madame), ...........*

*Signature*

*PJ :*
*– facture*
*– devis initial*

# Contester une facture excessive (EDF)

EDF vous a adressé une facture d'électricité qui vous semble excessive.

✉ *Recommandée avec avis de réception*

*Nom*
*Adresse*
*Code postal, ville*

*EDF*
*Adresse de votre agence*
*Code postal, ville*

*Ville, date*

*Référence client*

*Monsieur (ou Madame),*

*J'ai reçu ma dernière facture EDF qui laisse apparaître une consommation très élevée de......... kWh, pour la période... (date). Je suis surpris(e) car je n'ai pas changé mes appareils, ni même modifié mes habitudes de consommation.*

*Je vous prie de bien vouloir procéder à un nouveau relevé de compteur et vérifier le bon fonctionnement de celui-ci.*

*Veuillez croire, Monsieur (ou Madame) ..............*

*Signature*

✎Vous pouvez réclamer le remboursement du trop-perçu pendant 5 ans.

# Contester une facture d'eau

Vous venez de recevoir votre facture d'eau et vous êtes surpris car elle vous semble anormalement élevée par rapport à votre consommation habituelle.

✉ *Recommandée avec avis de réception*

*Nom*
*Adresse*
*Code postal, ville*

*Nom de la société distributrice de l'eau*
*Adresse*
*Code postal, ville*

*Ville, date*

*Référence client*

*Monsieur (ou Madame),*

*La facture n°... du ...., couvrant la période du... au ..., que je viens de recevoir m'a fortement surpris. Elle me paraît particulièrement élevée si je la compare aux factures habituelles pour cette période qui s'élèvent, en moyenne, à... €.*

*Je suis d'autant plus étonné que................ (donner des raisons : nos habitudes n'ont pas changé et notre famille ne s'est pas agrandie). Je m'interroge sur les raisons de cette hausse brutale.*

*En conséquence, je voudrais savoir s'il est possible de............ ( procéder à un nouveau relevé de compteur, faire vérifier le bon fonctionnement du compteur).*

*Je vous règle cette facture sur la base de ma consommation habituelle, en attendant le résultat de votre enquête.*

*Je vous prie d'agréer, Monsieur (ou Madame), l'expression de mes salutations distinguées.*

*Signature*

# Demander une indemnisation pour interruption du service de téléphonie

Une interruption du service de téléphonie vous a empêché d'utiliser votre téléphone portable.

*Nom*
*Adresse*
*Code postal, ville*

*Nom de l'opérateur*
*Adresse*
*Code postal, ville*

*Ville, date*

*Monsieur (ou Madame),*

*En date du… (indiquer la date), j'ai souscrit auprès de votre société un abonnement pour un téléphone mobile sous le numéro ................. (indiquer le numéro et les caractéristiques de votre abonnement).*

*Je tiens à vous informer que le… (date) une interruption du service a eu lieu et a duré plus de 48 heures.*

*Utilisant ce téléphone à des fins professionnelles, cette interruption m'a causé un préjudice important.*

*Je souhaiterais être indemnisé pour ce préjudice à hauteur de ....... € (préciser le montant du préjudice subi) ou au moins bénéficier d'un geste commercial de votre part.*

*En vous remerciant de bien vouloir faire le nécessaire dans les plus brefs délais, je vous prie d'agréer, Monsieur (ou Madame), l'expression de mes salutations distinguées.*

*Signature*

# Index alphabétique

Achevé d'imprimer
en octobre 2016
par DIMOGRAF,
Bielsko-Biała, POLOGNE

# Cyber Exposure For Dummies®, Tenable Special Edition

Published by
**John Wiley & Sons, Inc.**
111 River St.
Hoboken, NJ 07030-5774
www.wiley.com



ISBN 978-1-119-50815-1 (pbk); ISBN 978-1-119-50830-4 (ebk)

Manufactured in the United States of America

V10004121_082918

For general information on our other products and services, or how to create a custom *For Dummies* book for your business or organization, please contact our Business Development Department in the U.S. at 877-409-4177, contact info@dummies.biz, or visit www.wiley.com/go/custompub. For information about licensing the *For Dummies* brand for products or services, contact BrandedRights&Licenses@Wiley.com.

## Publisher's Acknowledgments

Some of the people who helped bring this book to market include the following:

**Development Editor:** Elizabeth Kuball

**Copy Editor:** Elizabeth Kuball

**Acquisitions Editor:** Amy Fandrei

**Editorial Manager:** Rev Mengle

**Business Development Representative:** Amy Fandrei

**Production Editor:** Magesh Elangovan

**Special Help:** Michael Applebaum, Felix Do, Winston Chiang, Nate Dyer, Kevin Flynn, Ted Gary, Tom Parsons, David Schreiber, Kathy Simpson, Maya Smith, Dave Stuart

# Cyber Exposure

Tenable Special Edition

## by Stacy Moran and Steve Piper

for dummies®

A Wiley Brand

# Table of Contents

# Introduction

Today's networks are constantly evolving — and so are their attack surfaces. Information technology (IT) security professionals must now contend with digital assets that many of their predecessors never contemplated, such as cloud platforms, application containers, web applications, Internet of Things (IoT) devices, and network-connected operational technologies such as industrial control systems.

For security professionals who work in healthcare or critical infrastructure industries, the stakes are even higher. They must secure essential (in some cases, life-saving) Internet-enabled devices without affecting performance or availability.

Vulnerability management (VM) solutions have steadfastly served organizations by uncovering vulnerabilities and security misconfigurations within traditional computing assets, such as servers, PCs, and network infrastructure. But VM platforms relying on periodic scanning of traditional systems have run their course; they're no longer sufficient against attacks targeting the modern attack surface.

This is where cyber exposure comes in. Cyber exposure is a paradigm shift in the way we think about securing the attack surface and protecting against diverse threats.

## About This Book

This book defines cyber exposure, including the cyber exposure gap created by legacy security offerings, and prescribes an innovative solution: the cyber exposure platform, which is designed to protect all computing assets and provide a new level of insight.

In this book, you explore the features and benefits of a cyber exposure platform, discovering how to evolve your existing security program to address new risks. You also see how to understand your cyber exposure in business terms and communicate it to top management.

If you're responsible for guarding your organization's fast-changing assets across traditional IT, cloud, and IoT environments, this book is one that you can't afford to miss.

## Foolish Assumptions

In preparing this book, we've assumed a few things about you, the reader:

- You work in IT security for a private-sector or public-sector organization.
- You have professional knowledge of enterprise computing, computer networks, and IT security.
- You have a baseline understanding of what traditional VM offerings provide.

## Icons Used in This Book

This book uses the following icons to indicate special content:

TIP

The Tip icon points out practical advice that can help you craft a better strategy, whether you're planning a purchase or setting up your software.

REMEMBER

You won't want to forget the information in paragraphs marked with the Remember icon.

WARNING

Look out! When you see the Warning icon, it's time to pay attention. You won't want to miss this cautionary information.

TECHNICAL STUFF

Maybe you really like to grasp all the nuts and bolts — even the most techie parts. If so, tidbits marked with the Technical Stuff icon are right up your alley.

## Beyond the Book

To find out more about cyber exposure and how to move from legacy VM to a cyber exposure platform, visit `www.tenable.com/cyber-exposure`.

IN THIS CHAPTER

» Grasping the scope of today's attack surface

» Understanding technology trends that increase cyber risk

» Seeing why traditional vulnerability management solutions fall short

# Chapter 1
# Navigating the Modern Attack Surface

The term *attack surface* sounds ominous. What is an attack surface?

You can think of it as the points of exposure that can be attacked and lead to cyber breaches. In addition to targeting endpoints (which resulted in breaches at Home Depot, Anthem, and elsewhere), savvy adversaries now attack the full set of systems, devices, and applications — collectively referred to as *assets* — that comprise the increasingly complex, dynamic attack surface.

This ever-changing collection of assets (see Figure 1-1), encompassing everything from information technology (IT) infrastructure to cloud services and operational technology (OT), offers plenty of opportunities for attackers to infiltrate vulnerable networks and steal or destroy sensitive data, or even disrupt critical infrastructure.

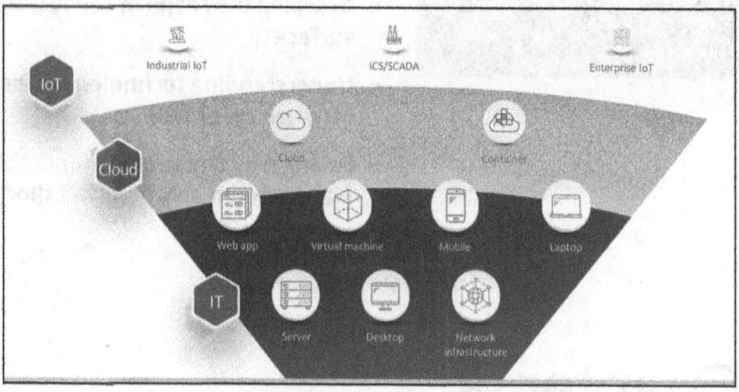


**FIGURE 1-1:** Modern attack surface.

TIP

For more on the specific components that comprise the modern attack surface, see Chapter 2.

How are you supposed to keep tabs on all this stuff? It's not easy. You've got to up your game. We're here to help.

In this chapter, we provide a snapshot of the technology trends, computing environments, modern assets, and emerging cyber threats that change your attack surface every day.

## Trends Affecting Your Attack Surface

Not too long ago, life was less difficult for security practitioners, who typically managed traditional IT assets that lived within the four walls of a data center or at least a physical office. Today, they must protect dynamic assets such as cloud instances and Internet of Things (IoT) devices, which are often introduced without IT's knowledge.

In this section, you begin your cyber exposure journey by reviewing recent trends that affect your organization's security.

### Digital transformation

Here's the good news about digital transformation: Organizations in every industry sector are embracing it to drive bold business strategies for growth and efficiency. Agile cloud-based technologies and methodologies are disrupting norms, unleashing innovation, and enabling global collaboration.

Approaches such as DevOps (development and operations; see Chapter 4) enable companies to continuously create and release new versions of software, accelerating innovation. Now here's the flip side:

- Digital transformation changes an organization's attack surface in major and often unpredictable ways, posing significant challenges for security teams tasked with protecting dynamic assets across multiple computing environments.
- As the elastic (always-changing) attack surface morphs minute by minute, it becomes increasingly difficult for IT security to maintain visibility into and understand the organization's cyber exposure and proactively manage risk across all assets.

## Sophisticated threats

Not only are attackers increasingly savvy, but they also have access to the wealth of sophisticated hacking tools that are readily available on the black market. A complex threat landscape with highly motivated adversaries translates into punishing cyber attacks every week.

According to the 2017 *Tenable Global Cybersecurity Assurance Report Card* (`www.tenable.com/lp/2017-global-cybersecurity-assurance-report-card`), the overwhelming threat environment remains the number-one challenge for security professionals. Attackers have more opportunity than ever to exploit gaps in security coverage, leaving organizations of all sizes in all industry sectors vulnerable to compromise and breach.

## Public cloud services

Deploying workloads in the cloud results in agility and scalability — huge enablers of digital transformation — but for most teams, securing assets in the cloud isn't easy. Most solutions built to protect traditional IT systems have blind spots around cloud-based assets, which occupy a significant piece of the modern attack surface. The primary challenges associated with cloud security involve visibility, regulatory compliance, and security policy enforcement across multiple cloud and on-premises environments.

TIP

We talk more about cloud security in Chapter 5.

## DevOps and containers

The unification of development and operations processes in DevOps is changing the way that software is built and deployed at the same time as the traditional waterfall model is being replaced by agile approaches. DevOps synchronizes the activities of development, quality assurance, and operations teams, compressing cycle times from weeks to hours.

Listen closely, and you may hear your software development team chanting its mantra: "Faster, faster." They live for speed, releasing new code in hours. The application containers increasingly used to deploy new software sometimes appear and disappear so quickly that there's no time even to scan them for vulnerabilities. But because of their large numbers, these containers can lead to serious exposure.

TECHNICAL STUFF

As Spotify users play music, containers spin up and do their thing (such as retrieve track and artist data) — and then face imminent death when a task is completed. Life is short. There's no time for scanning or patching.

To avoid getting left behind, security teams must match the velocity of DevOps with new approaches that can identify and mitigate vulnerabilities in containers before deployment, without slowing development. If they're successful, they can prevent security flaws in containers from reaching production.

TIP

Find out more about DevOps in Chapter 4.

## Workforce mobility

Today, employees work from everywhere, using multiple devices to access a variety of applications, so supporting workforce mobility and ensuring system availability are critical. Mobile warriors (that is, most of us) must be able to remotely access corporate data and services anytime and anywhere.

Seamless access, however, introduces significant security risks. Many organizations allow the use of mobile devices without proper security controls to protect sensitive data. These devices often run outdated operating systems and contain vulnerabilities that can lead to malware infections, exposure of confidential data, and compromise of sensitive credentials.

As organizations continue to employ a mobile workforce, they must ensure secure remote access and information exchange without allowing compromise of critical systems or proprietary data.

## Web applications

Almost every new application is a web application, and web apps are prone to a wide range of vulnerabilities. Web application attacks are responsible for many of the data breaches during the past several years. The explosive growth and sprawl of web applications make them difficult to secure. Most web apps are updated at least monthly, and it's hard to keep up when your security team is outnumbered by developers 100 to 1.

## Internet of Things

Connected devices such as kiosks, HVAC systems, and cameras are increasingly common in business and industrial environments. Unfortunately, IoT devices offer hackers an even bigger playground and one that is not always appreciated by organizations.

## Operational technology

OT systems that provide the backbone of critical infrastructure, healthcare, manufacturing, and other production environments must be protected to ensure uptime, reliability, safety, and compliance. Securing data is not the primary focus. Because these systems are often too fragile to run active vulnerability scans on, only passive, nonintrusive assessment works in these environments. Most industrial infrastructure wasn't designed with network-based attacks in mind, but as such threats become more prevalent, companies must proactively address cyber risk across both IT and OT.

Organizations with industrial systems typically use different security tools and approaches for IT and OT. Those two worlds are beginning to converge, however, creating both challenges and opportunities (see Chapter 6).

TIP

See Chapter 3 for more about scanning technologies.

## Why Traditional Vulnerability Management Falls Short

Traditional vulnerability management (VM) tools were designed for traditional workplaces, processes, and technologies. Experienced professionals probably remember when employees worked in the office every day on desktop computers that connected primarily to corporate data center servers. These assets now represent a tiny sliver of the dynamic environment that organizations must protect. If your security tools and processes haven't evolved as fast as the technology and business processes surrounding them, now's the time to rethink your approach to security.

### Reliance on legacy tools

Legacy approaches and tools designed to protect traditional IT assets such as servers and network infrastructure aren't robust enough to defend the modern attack surface and digital landscape. (Speaking of landscapes, using outdated tools is like having only a weed whacker at your disposal to manicure and maintain your entire yard.)

TIP

We discuss legacy VM in Chapter 3.

### Lack of continuous visibility

Given the complex digital environment and the expanding attack surface, it's easy to understand why companies struggle to maintain visibility into their broadening array of assets. As part of daily workflows, employees continually bring new devices and applications onto the organization's network, often without IT's taking notice. New applications are built, new cloud instances are deployed, and new IoT devices are connected. These blind spots can expose critical systems and sensitive data to compromise and breach.

Modern assets such as containers (see Chapter 4) that support rapid deployment of software also contribute to a lack of visibility.

Visibility challenges include the following:

- Discovering and monitoring assets that aren't on the network for long — or at all, in the case of cloud instances

» Seeing and protecting end-user devices off the network
» Finding vulnerabilities in application code that the organization builds itself
» Identifying weaknesses in IoT devices that could lead to compromise
» Assessing critical infrastructure systems without disrupting operations

## Insufficient prioritization of issues

Prioritizing vulnerabilities, misconfigurations, and other security issues for remediation may be the most pressing challenge in maturing your security foundation. Getting this task right is akin to securing the doors and windows on the first floor of your house before locking the windows upstairs. They all matter, but some matter much more than others.

When IT operations gets a 300-page vulnerability report from the security team, it's hard-pressed to figure out what to do with all the issues requiring remediation. Security must guide the rest of the organization on which weaknesses pose the highest risk and which systems demand immediate attention.

TIP

For a deep dive into prioritization, see Chapter 7.

## Failure to communicate cyber risk in business terms

Raw security data must be translated into information that's actionable for IT and security practitioners, as well as for executive stakeholders who seek to understand and manage cyber exposure at a higher level. Traditional vulnerability management fails to provide true business context and guidance on what action to take from a risk-based view. A new approach should provide business metrics and visualizations that executives can understand.

## IMPROVING SECURITY BY 99.9 PERCENT

Security professionals find themselves chasing the "threat of the week," often to no avail. Racing ahead without context and prioritization results in reactive firefighting and pursuit of the wrong issues. Performing the security basics well demands insight and focus.

Fortunately, vulnerability remediation doesn't always have to be performed overnight, although the highest-risk issues should be addressed quickly. According to Verizon's 2015 *Data Breach Investigations Report* (`www.verizonenterprise.com/resources/reports/rp_data-breach-investigation-report_2015_en_xg.pdf`), a comprehensive assessment of global data breach statistics, "99.9 percent of the exploited vulnerabilities were compromised more than a year after the CVE [Common Vulnerabilities and Exposures] was published." In other words, if organizations would patch their vulnerabilities in less than a year, they could improve their chances of preventing an exploit-initiated data breach by as much as 99.9 percent.

IN THIS CHAPTER

- » **Defining cyber exposure**
- » **Eliminating the cyber exposure gap**
- » **Examining a cyber exposure platform**

# Chapter 2 Understanding Cyber Exposure

When you think about the combination of accelerating digital transformation and the proliferation of mobile, cloud, container, and Internet of Things (IoT) assets across the modern attack surface (see Chapter 1), you see why organizations of every size in every industry must rethink their approaches to cybersecurity.

Visibility is the first critical element. The farther you move from the data center, the harder it is to see and track your assets. The deck is stacked against defenders, who must protect every piece of the attack surface, even when colleagues outside IT are deploying systems beyond their control.

Seeing isn't everything, however. In fact, getting more visibility increases another challenge: making sense of all that data. It's hard to know what you should focus on, which issues matter most, and whether you're improving effectiveness over time. Sometimes, less (data) would truly be more — if it's more relevant and actionable.

Figuring out which security weaknesses to remediate first is hard enough for traditional IT. With the expansion of the attack surface and greater demands for executive reporting, the challenge has evolved into something far more complex than traditional vulnerability management (VM), calling for a new discipline that we call *cyber exposure.*

In this chapter, we define cyber exposure in detail and highlight some of the key elements of a modern cyber exposure platform. We delve deeper into the capabilities and benefits of such a platform in Chapter 3.

## What Is Cyber Exposure?

*Cyber exposure* is an emerging discipline for managing and measuring your modern attack surface to accurately understand and reduce your cyber risk. It provides a framework that enables you to understand and act on cyber risk at all levels of the organization. The three core inputs of a cyber exposure model are asset and business context, vulnerabilities, and threat context.

### The cyber exposure gap

The *cyber exposure gap* is the blind spot that lies between the visibility provided by your current security tools and the complete set of vulnerabilities and misconfigurations across your entire attack surface (see Figure 2-1). If your current solutions can't see and assess new cloud instances, if you have no way to detect flaws in containers, or if you have no idea which operational technology (OT) systems are exposed, your cyber exposure gap is expanding. The larger the gap, the greater the odds of a business-impacting breach or operational disruption.

The cyber exposure gap changes daily as virtual machines are spun up and down, end-user devices are provisioned to employees, and IoT devices are deployed in remote offices. Hackers are aware of this gap and your limited visibility. They're always looking for the path of least resistance. Threats such as WannaCry, which racked up billions of dollars in damage, make it imperative to find and fix your critical vulnerabilities.

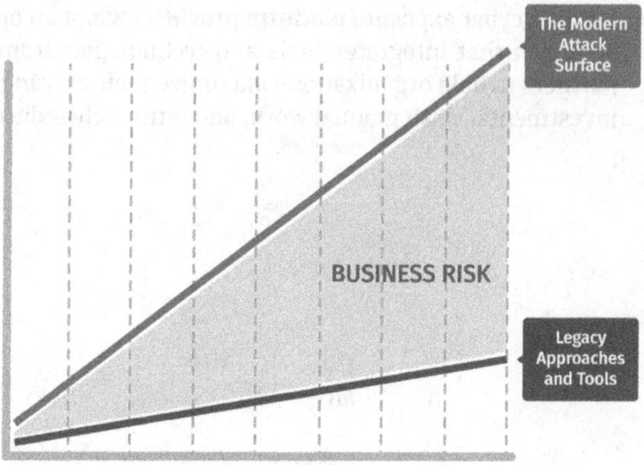

**FIGURE 2-1:** The cyber exposure gap.

TECHNICAL STUFF

The WannaCry and Petya/NotPetya attacks forced medical centers to shut down, halting the delivery of life-saving care to patients in need. They also affected operations around the world for Honda, Renault, Deutsche Bahn, and many other businesses. NotPetya, an aggressive worm using multiple exploits, delivered destructionware (encrypting the target's data without possibility of recovery), generating more than $200 million in damage for several victims.

## The cyber exposure life cycle

The five stages of the cyber exposure life cycle (see Figure 2-2) are designed to continuously identify assets; detect vulnerabilities and security issues across all asset types; prioritize issues based on risk; apply the appropriate remediation technique in conjunction with other technologies; and provide reporting, visualization, benchmarking, and modeling to help security professionals and executives make better decisions.

Cyber exposure builds on traditional VM, achieving end-to-end visibility of traditional and modern assets ("see more") and the analytics-driven insight to know how to act ("do more"). The practice of cyber exposure is more continuous, collaborative, and focused than ever before, connecting information security, IT, and DevOps throughout the life cycle.

Leading cyber exposure platform providers adopt an open, flexible approach that integrates tools and technologies from ecosystem partners to help organizations maximize their existing technology investments, slash manual work, and ultimately reduce cyber risk.

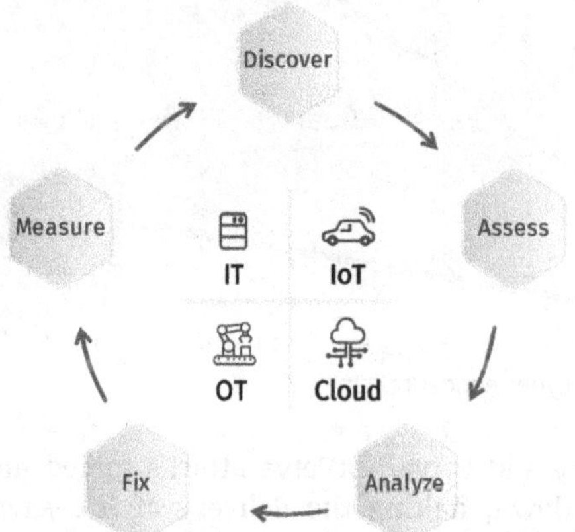


**FIGURE 2-2:** The cyber exposure life cycle.

TECHNICAL STUFF

Complementary ticketing/workflow, patch management, network access control, and mobile device management tools can be easily integrated to support the Fix (remediation) phase of the life cycle. This integration ensures that critical exposures are addressed properly and promptly, with complete visibility from detection to ticket assignment to remediation and validation.

## The relationship between vulnerability management and cyber exposure

VM focuses on periodically scanning traditional IT assets for vulnerabilities and misconfigurations, and then providing reports to security and IT. Today, however, every aspect of traditional VM is outdated, for the following reasons:

- Periodic assessment leaves security teams in the dark about what's happening between scans.
- Scanning alone won't find every asset and can't be used on sensitive assets such as OT systems.

» Traditional IT assets are far from the only source of exposure, with breaches such as Equifax underscoring the importance of protecting web applications and other resources.
» Reports are often little more than large sets of raw information that are difficult to act on.
» Security and IT aren't the only stakeholders. DevOps has become a critical participant. Also, management increasingly wants to understand the organization's exposure in business terms and manage it proactively.

Cyber exposure builds on VM but is broader and more strategic. A cyber exposure platform delivers comprehensive and actionable information for today's dynamic attack surface.

A modern cyber exposure platform complements traditional vulnerability scanning with data sensors that provide continuous visibility into any asset, including cloud, applications, IoT, and OT. Essentially, this type of platform brings traditional VM into the modern era.

Cyber exposure transforms cybersecurity from identification of bugs and misconfigurations on networks and endpoints to live discovery of every asset type in any environment. It shows where assets are secure or exposed, and to what extent, and it prioritizes remediation based on the asset's business, vulnerability, and threat context.

TIP

It's impossible to deliver an effective cyber exposure platform without a solid foundation in VM. VM providers that have deep expertise in assets, networks, and vulnerabilities, and the raw vulnerability data itself, are best equipped to analyze and contextualize vulnerabilities. Without that foundation, providers are too far removed from the underlying technical issues to provide effective analysis, prioritization, and benchmarking.

## Closing the Cyber Exposure Gap

The failure of legacy tools and point solutions designed for traditional IT environments means that most organizations can't see modern assets with existing tools, creating a massive gap in their ability to understand and accurately represent their cyber exposure. Organizations need a new way to gain the visibility and understanding required to close this gap across the entire attack surface.

The three fundamental requirements for closing the cyber exposure gap are

- Seeing all assets and exposures across your environment
- Understanding where to focus (operational and executive levels)
- Measuring effectiveness over time and versus industry peers

We discuss these requirements in detail in the following sections.

## Seeing all assets and exposures across your environment

Many of today's breaches result from limited visibility because IT can't manage and protect what it can't see. As simple as it sounds, visibility remains a significant challenge for security teams in every industry. Legacy security tools and approaches can't detect and analyze the full set of assets across computing environments, including the following:

- Servers and network infrastructure
- Laptops
- Mobile devices
- Virtual machines
- Cloud instances
- Web applications
- Containers
- OT systems such as industrial control systems (ICS) and supervisory control and data acquisition (SCADA) systems
- IoT devices

## Understanding where to focus

You can't fix everything, so it's essential to focus on what matters most and to address critical exposures as quickly as possible. Risk-based insight unites all the information available about an asset, its associated vulnerabilities and misconfigurations, and relevant threat context to clearly present and visualize the relative

- Agile approaches and DevOps, which are accelerating software delivery and allowing application deployments to fly under the radar of IT security.
- The prevalent reuse of open-source software components, which are not always evaluated frequently for security flaws.
- The need to identify and address vulnerabilities in OT assets as cyber attacks against production systems increase in frequency and severity.

The modern attack surface is a complex mix of connected devices and computing platforms that's constantly expanding and contracting, much like a living organism. In this chapter, we begin by explaining why traditional VM tools alone can't tame this beast. Then we cover the core capabilities of a modern cyber exposure platform designed to build on VM and to deliver the full visibility and insight required to protect dynamic assets in the evolving threat environment.

## ɔmponents and Challenges of Legacy ulnerability Management

Traditional VM systems offer these features:

- Active, periodic vulnerability scanning and asset visibility
- Discovery and assessment of traditional IT assets
- Configuration auditing
- Customizable dashboards and reports
- Role-based access control
- Regulatory and policy compliance reporting
- Integration with complementary technologies (ticketing/workflow, patch management, credential management, network access control, and so on)



level of exposure. This kind of exposure scoring helps security professionals prioritize remediation and provide clear guidance to their colleagues in IT operations, DevOps, and other functions on where to focus.

TIP

Read more about scoring and prioritizing cyber exposure in Chapter 7.

### Measuring effectiveness over time and versus industry peers

Security leaders want to understand the organization's progress in addressing issues over time. They also seek insight on how different groups within the organization (by technology ownership, type of asset, or geography) are performing relative to one another in remediating security issues. Transparent reporting on effectiveness of groups can spur improvement of laggards through increased management attention.

To put that information in context, security leaders also want to benchmark their effectiveness against peer organizations. Understanding if an organization is in the top quartile or bottom quartile for speed of remediation can provide valuable context and urgency. It can also help with realistic goal setting.

This data and related visualizations are invaluable for enabling security managers and executives to report on their progress in business terms to senior management. Business-level reporting demonstrates the value of security investments to senior leadership and positions the chief information security officer (CISO) as a true business executive.

## Key Capabilities of a Cyber Exposure Platform

In this section, we touch on the high-level capabilities that should be part of any cyber exposure platform.

TIP

See Chapter 9 for details on life-cycle services designed to ensure successful deployment of a cyber exposure platform.

You should consider a cyber exposure platform that covers both traditional and modern assets and provides clear guidance extracted from the avalanche of raw data.

A modern cyber exposure platform has the following key capabilities:

- **Unified view of exposure:** Nobody has time to evaluate, integrate, and manage multiple point solutions. You need a unified view that shows all assets and their associated vulnerabilities and misconfigurations.
- **Continuous discovery and assessment of all assets:** A cyber exposure platform should provide live discovery of all assets in all computing environments, accurately detect vulnerabilities, and then prioritize remediation based on risk (see Chapter 7) to help reduce your true cyber exposure.
- **Scalability and flexibility:** A cyber exposure platform should support the ebb and flow of activity to address rapidly evolving business requirements. Whether hosted in the cloud or on your premises, the solution should deliver visibility across all computing environments and scale to millions of assets to support large enterprises.

  TIP

  See Chapter 3 for more information about deployment flexibility.
- **Translation of technical data into business terms:** Asset, vulnerability, and threat data must be combined into something that stakeholders across the organization can consume and act on. For senior business executives, raw security data must be translated into meaningful metrics and contextualized to communicate the actual cyber risk for the business (see Chapter 7). Only then does the technology evolve from a security tool into a strategic solution.
- **Regulatory compliance support:** A cyber exposure platform helps simplify the reporting required to demonstrate compliance with industry regulations and organizational policies.



IN THIS CHAPTER

- **Reviewing traditional v management tools and**
- **Delving into the core ca exposure platforms**
- **Recognizing the benefits exposure platforms**

# Chapter 3 Evolving from Vulnerability Management to a Cy Exposure Platform

As we discuss in Chapter 2, the cyber exposure an evolution of vulnerability management (V next phase, if you will, in VM's illustrious car tecting the digital assets of public- and private-sector tions. We love VM; we just need more. And so do you.

VM is being dramatically reshaped by four factors:

- A growing range of digital assets, extending beyond tra tional IT to include mobile devices, Internet of Things (Ic devices, cloud platforms, application containers, web applications, and operational technology (OT) systems.

  REMEMBER

  Industry pundits estimate that more than 9 billion IoT devices will be residing on enterprise wireless networks b 2019 — more than the entire smartphone and tablet markets combined.

More advanced VM systems offer these features:

- Agent-based vulnerability assessment
- Continuous, passive (nonintrusive) network monitoring
- Public cloud pre-approved scanning

Legacy VM has a few drawbacks:

- **Reliance on active scanning technologies:** Active scanning tools are essential, but they capture only a single point in time, and they often miss devices that live off the corporate network such as remote employees' laptops and short-lived assets such as containers. The one-size-fits-all, scan-the-network approach designed for the world of static systems living on premises doesn't work for the modern amorphous attack surface. The dynamic nature of today's assets prevents security teams from getting an accurate view of their environment via traditional scanning methods alone.

  WARNING

  Active scanning tools should not be used on sensitive critical infrastructure, industrial systems, and medical devices that aren't designed to be scanned and could face disruption or outage if they're scanned.
- **Focus on traditional assets:** Legacy VM focuses on traditional IT assets such as network infrastructure, servers, and desktop PCs. These tools aren't designed to discover and assess modern assets such as cloud instances, containers, web applications, and IoT devices.
- **Lack of insight and prioritization:** Legacy VM provides great detail (perhaps too much!) on assets and their vulnerabilities. Unfortunately, it doesn't always provide tailored, actionable information with adequate context to allow IT to prioritize remediation efforts. Nor does it possess the analytics that IT security needs to easily evaluate and manage overall cyber risk.

## THE 300-PAGE-REPORT SYNDROME

A classic characteristic of traditional VM that we're sure you'll agree must go is the monstrous vulnerability report being thrown over the wall from security to IT Ops. The next steps involve practitioners sorting through endless pages of vulnerabilities that attackers will never exploit, going on wild goose chases trying to find assets that don't exist or are duplicates, and cursing their colleagues at every turn. Are you tired yet? We are!

# Capabilities of Cyber Exposure Platforms

In contrast with traditional VM systems, cyber exposure platforms are designed to continuously discover and assess traditional IT, cloud, IoT, and OT assets across an entire organization — and then further help you evaluate and prioritize issues, take appropriate corrective action, and measure and report on exposure in both technical and business terms. The following sections describe the core capabilities of these platforms.

## Complete vulnerability assessment

The Discover and Assess phases of the cyber exposure life cycle (see Chapter 2) involve collecting data via a variety of scanning and monitoring techniques. In general, traditional vulnerability scans should be quick and easy to define. Setup should be intuitive and require a minimum of steps. Scan results should be displayed in flexible, customizable dashboards and reports for different audiences, and also be easily exportable via an open application programming interface (API).

The five main vulnerability assessment technologies are

- Network vulnerability scanner
- Web application scanner
- Agents
- Passive network monitoring
- Image registry

We discuss these technologies in detail in the following sections.

REMEMBER

There's no one-size-fits-all approach to asset discovery and vulnerability detection. Deploy all five types of data sensors to ensure comprehensive asset coverage across computing platforms. Make sure that your cyber exposure platform natively offers all sensors and doesn't charge you for each sensor deployed. An à la carte approach may work in a restaurant, but leads to unnecessarily high cost in this case.

## Network vulnerability scanner

Active scanners have been around for a couple of decades and are quite mature. Serving the domain of traditional IT, active vulnerability scanners identify vulnerabilities, misconfigurations, and other security health issues in network infrastructure, servers, and PCs (including operating systems and applications).

## Web application scanner

Web application scanners are similar to network vulnerability scanners, but instead of looking for specific known vulnerabilities in operating systems, applications, and related components, they focus only on web applications and look for certain *types* of vulnerabilities such as input validation errors that can lead to cross-site scripting attacks. Although web app scanners — also known as dynamic application security testing (DAST) solutions — can be used to assess commercial applications, they're particularly essential for testing an organization's custom-built applications because no outside party will ever identify those vulnerabilities for the organization.

## Agents

Agents are installed directly on end-user devices or servers and are especially valuable for assessing assets that are not always on the network. Locally installed agent software should include all the capabilities required to discover vulnerabilities, audit configurations, and in some cases even detect malware running on the asset.

Nonintrusive and easy to install, agents are ideal for monitoring the security health of laptops and mobile devices and enabling accurate vulnerability reporting, even with devices constantly changing IP addresses.

## Passive network monitoring

Passive monitoring sensors provide live asset discovery and monitoring to eliminate the blind spots created by periodic active scanning. They also enable safe vulnerability detection for critical infrastructure such as industrial control systems (ICS) and supervisory control and data acquisition (SCADA) systems that would be disrupted by traditional active scanning, aren't appropriate for agent deployment, and often can't be shut down for months or years at a time.

WARNING

Passive network monitoring is essential. If you don't scan sensitive systems because active scanning is your only option, you're widening your cyber exposure gap and leaving production assets at risk. You also can't know about everything in your environment if you rely only on point-in-time scans and agent monitoring. Doing so leaves critical blind spots.

### Image registry

This approach integrates security into the software development life cycle by providing a registry (repository) that can house and scan images for assets such as containers and public cloud instances. The ability to test assets such as Docker containers and cloud images for security issues at the build stage, just like any other software quality check, is essential because it enables those issues to be addressed before deployment. It also provides confidence for increasing the use of open-source software components.

TIP

See Chapter 4 for more about securing containers during the build phase.

TECHNICAL STUFF

Security tests can be integrated into continuous integration/continuous deployment (CI/CD) systems via application programming interfaces to check for vulnerabilities and malware as part of quality assurance.

## Comprehensive asset coverage

You need to know exactly what devices and resources are on your network at any time. Unified visibility and vulnerability assessment capabilities across traditional IT, cloud, IoT, and OT systems, no matter where they reside, empower you to manage cyber exposure across the entire attack surface.

REMEMBER

Broad asset coverage is a core cyber exposure capability that's required to discover all potential vulnerabilities. *Broad* means exhaustive coverage encompassing vulnerabilities across operating systems, applications, and other components — all Linux and UNIX variations, as well as Windows and Mac platforms, for example.

## Asset tracking and elastic licensing

Historically, VM tools tracked vulnerabilities on assets by IP address, which worked well when IT assets were fixed. This approach is flawed now, because mobile assets such as laptops typically use multiple IP addresses over time. Instead, an advanced asset identification algorithm is required to track both static and dynamic assets for purposes of vulnerability reporting and remediation. Cyber exposure platforms offer this capability, which uses multiple attributes to track changes in assets, regardless of where they roam or how long they last, providing a more accurate, complete view of assets and vulnerabilities for effective remediation.

Why is this approach important? Suppose you're a security analyst, and you share vulnerability reports with IT Operations for remediation, but you don't know which vulnerabilities are duplicates. IT then looks for those assets based on IP address and finds that many of them don't exist anymore because they were duplicates. This process is a big waste of time. IT Ops is unhappy, and the security team loses credibility and goodwill.

The ability to track unique assets is also important for licensing because without it, you're paying for each IP address. IP-based licensing is the legacy VM approach and a poor fit for today's dynamic environments. Cyber exposure platforms offer asset-based licensing that accurately reflects the true environment, consuming one license unit per asset, even if the asset has multiple IP addresses.

Elastic licensing is another innovation that makes cyber exposure platforms a good fit for current environments. Assets with short life spans, such as containers and cloud instances, spin up to perform a function and may spin down as soon as minutes or hours later. An IP-based licensing model can't accommodate this reality; instead, it charges for each IP that it sees.

An elastic model automatically recovers licenses for short-lifespan assets and even permits scanning when license counts are temporarily exceeded. This enables one-time bursts without penalizing you through the typical hard license enforcement.

## Advanced risk-based scoring and prioritization

The decision about what to fix and when to fix it has to be based on more than raw vulnerability results. A cyber exposure platform integrates and correlates asset, vulnerability, and threat data to provide an accurate, comprehensive view of the environment. Data science–driven analytics further allow you to precisely measure and analyze exposure, providing the insight you require to focus on what matters most.

Moving from a vulnerability-focused approach to an exposure-focused mind-set requires more continuous data, more complete context, and the algorithms to make sense of it all. There's little value in trying to prioritize remediation based solely on any one factor such as vulnerability severity. Risk-centric prioritization must reflect numerous factors, including an asset's function and business value and the likelihood of attack (the threat context). These factors differ from one organization and industry to another.

TIP

For more on scoring and prioritization, see Chapter 7.

## Visualization of assets and exposure

The approaches used by many security solutions for presenting information are ineffective, making it difficult for users to see what matters most or grasp subtle trends and patterns. It's time to replace raw reports and poorly designed dashboards with an updated approach to visualization that reflects current best practices in user-centric design. A cyber exposure platform should provide modern visualizations that make it easy to understand and intuitively explore large sets of data, at any level of detail, and quickly identify "hot spots" and other elements of interest.

## Deployment flexibility

Deployment flexibility is invaluable in a cyber exposure platform, which should serve customers effectively, either in its more common cloud-based form or as an on-premises software solution for organizations that require it.

WARNING

Solutions that only come as traditional on-premises software may not be able to serve all your asset discovery, vulnerability detection, and exposure scoring and benchmarking needs. At the same time, solutions that are cloud-based (Software as a Service [SaaS]) may not meet the needs of certain customers. If you're seeking the ultimate in long-term flexibility, choose a platform that offers both options. And with any solution, understand which capabilities are delivered as traditional software and which are cloud-based.

## Reaping the Benefits of Cyber Exposure Platforms

The benefits of a full-featured cyber exposure platform are both numerous and compelling. Here are just a few of the main benefits:

- **Eliminating blind spots:** A robust platform gives you comprehensive visibility across all assets, including traditional IT, laptops and mobile devices, cloud instances, containers, web applications, and OT systems. You can see everything across all computing environments via one platform.
- **Prioritizing what matters most:** Complete asset and vulnerability information is foundational; adding business and threat context facilitates effective prioritization. A cyber exposure platform analyzes all of these inputs and provides a clear view of your risk-based exposure. This allows you to optimize remediation efforts by illuminating what matters most.
- **Supporting closed-loop remediation:** A cyber exposure platform integrates seamlessly with other security and IT operations technologies and enables you to collaborate with colleagues to execute the appropriate remediation action for each issue. With the ability to validate reported remediations, the platform can track remediation progress and help ensure issues are resolved.
- **Understanding and communicating cyber exposure:** The cyber exposure discipline enables business-focused conversations about cyber risk. A cyber exposure platform helps you translate vulnerability data into metrics that are meaningful even to stakeholders who lack security expertise.

TIP

For more on effective stakeholder communications via cyber exposure, see Chapter 7.

seeking the ultimate in long-term flexibility, choose a platform that offers both options. And with any solution, understand which capabilities are delivered as traditional software and which are cloud-based.

## Reaping the Benefits of Cyber Exposure Platforms

The benefits of a full-featured cyber exposure platform are both numerous and compelling. Here are just a few of the main benefits:

- **Eliminating blind spots:** [illegible] complete [illegible] visibility [illegible] platform.
- **Prioritizing what matters:** [illegible] vulnerability [illegible] threat [illegible]
- **Supporting [illegible] remediation:** [illegible] platform integrates seamlessly with other security and IT [illegible] ticketing [illegible] colleagues [illegible] each issue. With the ability to validate reported remediations, the platform can track remediation progress and help confirm issues are resolved.
- **Understanding and communicating cyber exposure:** The cyber exposure discipline enables business-focused conversations about cyber risk. A cyber exposure platform helps you translate vulnerability data into metrics that are meaningful even to stakeholders who lack security expertise.

For more on effective stakeholder communications via cyber exposure, see Chapter 7.

IN THIS CHAPTER

» **Securing DevOps**

» **Securing applications during development**

» **Working with containers**

» **Keeping assets secure during production**

# Chapter 4
# Securing Applications at the Speed of DevOps

Adoption of public cloud environments and the mainstreaming of DevOps continue to accelerate digital innovation. At the same time, these advancements are creating major disruptions in security, given their significant contribution to the cyber exposure gap. Business requirements for secure, rapid, and efficient delivery of applications are driving fundamental changes in the ways that organizations approach cybersecurity.

As you shift your perspective to today's expanded attack surface, it makes sense to think about incorporating security into the software development life cycle (SDLC).

In this chapter, we talk about reducing costs, eliminating blind spots, and enabling rapid development and deployment by integrating security into the DevOps process.

## Adding Security to DevOps

DevOps accelerates development through a collaborative philosophy that knocks down the walls between development and operations. DevOps is about speed and streamlining software delivery processes. Unfortunately, security is often an afterthought.

WARNING

Developers avoid anything and anyone who looks capable of road-blocking innovation or clogging the software build pipeline. Don't make DevOps call the plumber, and don't ask developers to become security experts.

Industry estimates suggest that by 2021, DevSecOps practices will be embedded in 80 percent of rapid-development teams, up from 15 percent in 2017.

## Shifting security left

Information security leaders must adopt a new mind-set, build new relationships internally, and find innovative ways to implement security while enabling fast-moving DevOps environments. One way is to integrate vulnerability and malware detection into software build workflows in the development stage rather than waiting until those assets are deployed in production (see Figure 4-1). Finding and fixing vulnerabilities before they're exploitable reduces your cyber exposure gap and prevents what could become a blind spot if those assets spin up and down frequently.

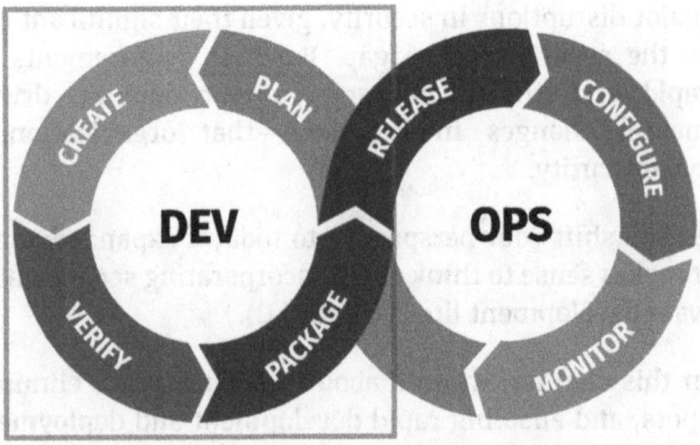


**FIGURE 4-1:** Shifting security left in the DevOps process.

Wiring security into the build phase of the DevOps pipeline alongside other quality validation tests enables you to easily detect issues during development and ideally prevent deployment of vulnerable applications.

TECHNICAL STUFF

The continuous integration/continuous deployment (CI/CD) pipeline spans the entire SDLC. Developers use CI, focused on development, to collaboratively validate and continuously test new code. CD, focused on operations, enables automatic release of code changes into production without human intervention.

REMEMBER

When we talk about security during the build phase, we're referring to automated tests of images, not conventional scans of running assets, which don't work in this context and have negative connotations (such as being slow and manual) for DevOps. Security testing has to be automatic and lightning fast — less than a minute — so that it doesn't inhibit DevOps.

## Addressing issues early reduces costs

Incorporating security into the DevOps process helps prevent issues before production — which is important because it costs a lot more money to fix broken things after deployment. The only way to ensure security throughout the life cycle is to identify and address vulnerabilities and misconfigurations during the build phase.

After deployment, it's more difficult to identify application owners and more time-consuming to change code. Incorporating security earlier in the SDLC, as new applications and services are being created, is a fundamental change for security teams, but a good one.

Engaging security early in the DevOps process is not only smart but also a lot cheaper. The cost of addressing a problem during the maintenance phase, for example, is estimated to be 100 times the cost of addressing that same issue during the design phase (see Figure 4-2).

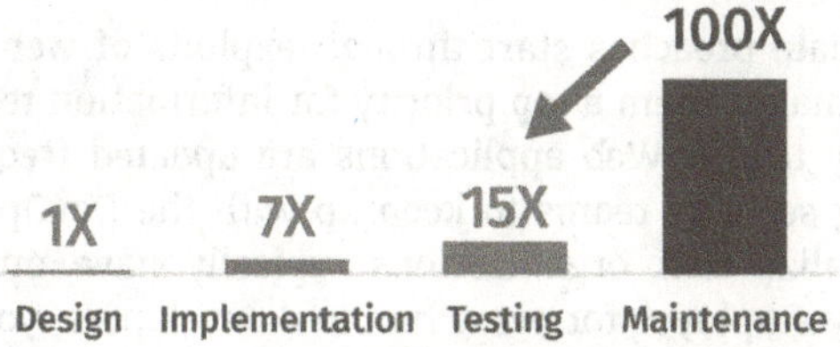


*Source: IBM Systems Sciences Institute*

**FIGURE 4-2:** Fixing defects early in the SDLC reduces costs.

REMEMBER

The integration of security into DevOps needs to be automated, seamless, and transparent to support the high-velocity philosophy of DevOps. Automation translates into precise alignment with proven specifications, less human error, and minimal possibility of delay before production. Information security must enable developers' productivity and adapt to DevOps tools and processes. In a DevOps world, security practitioners can't expect developers to adjust to their ways of operating.

## Safeguarding Vulnerable Applications in DevOps

Maintaining application security is hard. Nearly all applications have at least one vulnerability, and most have several. More important, the average time it takes to remediate critical vulnerabilities is four months.

WARNING

Most organizations focus on protecting mission-critical applications such as transactional systems and e-commerce sites, but these apps represent less than 10 percent of the attack surface. Other applications make up the other 90 percent of the portfolio, yet relatively few resources are dedicated to securing them because they're viewed as being lower-priority.

Modern software is composed mostly of publicly available open-source components and a little custom code. You can scan your source code to determine which open-source elements are in your applications and fix vulnerabilities early in the development cycle, before applications are assembled.

### Scanning web applications

Many data breaches start through exploits of web applications, which makes them a top priority for information technology (IT) security teams. Web applications are updated frequently, challenging security teams to keep up with the DevOps pace. When you realize that organizations typically have one application security employee for every hundred developers, you understand why securing web applications is a monumental challenge.

A modern cyber exposure platform includes web application scanning as part of a comprehensive approach to identifying and managing cyber risk across assets in all computing environments.

You can secure your web applications without disruption via fast, automated, high-accuracy scans. In fact, nearly all web application scanning can be automated. Manual security tests are reserved for only the most complex, high-value applications such as banking websites.

Detailed scan results should include vulnerabilities categorized by type and severity, plus specific guidance on remediation. At a minimum, scan both internal and external web applications for the top ten vulnerabilities designated by the Open Web Application Security Project (`www.owasp.org/images/7/72/OWASP_Top_10-2017_%28en%29.pdf.pdf`).

TIP

Expertise in application security testing is a scarce commodity, so the more you can automate the process, the greater your effectiveness and team productivity will be.

### Avoiding the "perfect security" trap

Perfect security and zero cyber risk aren't possible with web applications (or any asset type). Don't waste valuable time chasing down every last vulnerability. Instead, focus on the vulnerabilities that create the most actual cyber exposure (risk) for your organization. Use new security tools and approaches that minimize friction for developers and that don't inhibit DevOps innovation, speed, and agility.

Continuous vulnerability assessment in the software development process should prioritize remediation based on risk-centric quantification of exposure. As with other types of assets, this prioritization must reflect asset, vulnerability, and threat context.

## Understanding Containers

Sometimes described as the next generation of virtualization, *containers* are portable, lightweight, self-contained software packages that house everything required to run an application: dependencies, libraries, binaries, and configuration files. Because containers can be deployed and run the same way in different environments, they give developers confidence to write an application once, package it, and deploy it anywhere without failure.

REMEMBER

*Container images* are built by developers, stored in a registry, and used to generate running containers in production.

The container market is the fastest-growing cloud-enabled technology, expected to grow 40 percent annually from 2016 to 2020 to reach $2.7 billion, according to 451 Research. To date, Docker Hub has more than 900 million applications, and more than 29 billion Docker containers have been downloaded.

Containers are popular for good reason. All the elements that comprise an efficient, dynamic application are distilled into one immutable object — a container — that's designed to serve a single purpose and then be discarded or replaced.

## Seeing the good and bad in containers

Containers allow developers to build and launch new services and applications quickly and easily. More web applications run in containers as part of the cloud-native environment.

The downside of containers is that they represent a blind spot for most security teams. Short life spans, lack of IP addressability, and sheer volume and variety make securing containers a formidable challenge, and traditional vulnerability management (VM) processes and solutions don't work for containerized applications.

WARNING

Many developers rely on code in the Docker Hub registry and other potentially vulnerable open-source software to assemble (versus code from scratch) container images as part of a software supply chain. Yet a shared image in Docker Hub contains more than 40 vulnerabilities, on average.

## Securing containers in the build phase

An effective approach integrates security into the container build process to do all of the following:

- Identify, assess, and remediate vulnerabilities.
- Detect malware in code.
- Enforce policies before container deployment.

Automatic testing of container images helps ensure protection against a wide range of threats.

Preproduction visibility into container images during development helps secure the code being produced by DevOps processes and reduce cyber exposure. Knowing what's inside every container before it's pushed to production is critical. A comprehensive cyber exposure platform with complete asset coverage eliminates container blind spots without slowing application development.

## Protecting Assets in Production

Secure service delivery starts during development, but long-running containers might evolve over time, creating the need for runtime container security as well. Automated scanning capabilities are required to assess containers in production, providing full coverage from development through operation.

TIP

Dynamic application security testing solutions help secure running applications in the deployment phase of the SDLC (versus static images during development).

Securing containers in production is quite different from traditional VM. Legacy VM tools can't even see containers, let alone address vulnerabilities. And in many cases, patch management doesn't apply. If you find a vulnerability in a production container, you might fix the issue directly in the container image and then deploy a new secure container in place of the old one.

Containers are designed to be *immutable* — unchanged throughout operation. If their immutability holds true, there is some assurance that deployed containers are as secure as when they were first tested during development. However, you should monitor running containers rather than assume immutability, and receive alerts if containers change during operation.

Scan running containers to gain visibility into image changes, vulnerabilities, and other information. Runtime assessment helps you understand the full cyber exposure of containers and extends your security controls from development through production.



IN THIS CHAPTER

» Exploring the challenges of the cloud

» Using cyber exposure principles for cloud assets

# Chapter 5
# Boosting Cloud Visibility and Security

A significant majority of organizations now run services in public cloud environments, with many using the cloud for web, analytics, and content management workloads. At the same time, most security teams still have limited visibility into what their business units deploy and consume beyond the four walls of the data center.

Cloud security concerns remain barriers to adoption. These concerns are primarily related to data security, privacy, and regulatory compliance. Organizations must continually analyze and understand the scope of their cloud services, including what security weaknesses exist and what data is being accessed, and maintain continuous assessment practices to prevent a breach or regulatory violation.

In this chapter, we explore cybersecurity challenges in the cloud environment and discuss effective ways to discover and assess cloud-based assets.

## Recognizing the Challenges of the Cloud Environment

Public cloud solutions, including Infrastructure as a Service (IaaS), have become extremely popular, with Amazon Web Services (AWS), Microsoft, and Google being among the leading providers. All cloud environments have unique challenges that information technology (IT) security must address. We discuss some of these challenges — visibility, policy and regulatory compliance, and shared responsibility — in the following sections.

### Visibility

Visibility into cloud infrastructure is the number-one headache for security teams. IaaS cloud instances often come and go quickly, so it's easy for periodic active scans to miss them. Also, because instances can be deployed by anyone, IT is no longer in charge. Further, configuration management databases (CMDBs) that track details about digital assets and their relationships are a poor fit for the volume and pace of change of dynamic cloud environments.

### Policy and regulatory compliance

As organizations migrate to the cloud, compliance becomes more difficult in terms of adhering to specific regulations and corporate policies. Because employees are able to deploy cloud instances without IT approval (or even awareness), much greater opportunity exists for noncompliant cloud assets to be deployed and run for extended periods before being discovered by IT security.

### Shared responsibility

Securing cloud assets is a shared responsibility of the customer and the cloud provider. In a shared-responsibility model, the cloud provider is responsible for the physical security of the cloud environment and the cybersecurity of the shared digital infrastructure, and the customer is responsible for the security and compliance of its workloads and data in the cloud, which includes identifying and remediating vulnerabilities.

## Applying Cyber Exposure Discipline to the Cloud

If your organization is using public cloud services, your security team must be able to answer these questions:

- » How quickly can we discover workloads running in the cloud, and how effectively can we assess their security health?
- » What vulnerabilities and configuration issues are present in our cloud assets, and how should we prioritize remediation relative to all other issues across the organization?
- » Are our cloud instances in compliance with corporate polices and external regulations?

As in other areas of information security, a lack of staff resources, expertise in cloud security, and well-designed and integrated technology solutions impede responsible cloud adoption. The solution involves additional staff training, automation, and especially new approaches that make it easier to secure cloud assets without adding point solutions.

### Automating asset discovery

Traditional security tools aren't designed for the cloud. Dynamic cloud assets behave very differently from legacy IT assets, contributing to the growing cyber exposure gap. New capabilities and approaches — including functionality specific to individual cloud platforms — are required to protect digital resources in this fast-changing computing environment. You need accurate visibility and insight to effectively manage security and compliance in evolving cloud environments.

Automation enables you to identify production assets and assess vulnerabilities and misconfigurations at cloud speed. This complements the identification of weaknesses at the image stage, providing a complete approach.

TECHNICAL STUFF

Asset discovery and tracking can be performed automatically via cloud platform application programming interfaces (APIs), enabling timely vulnerability and configuration assessment, and reducing manual work. This provides security professionals with live, continuous visibility into an otherwise opaque environment.

## Gaining unified visibility

The goal is to achieve centralized visibility across assets and computing environments, which is finally possible through a comprehensive cyber exposure platform.

Here are some things that a cyber exposure platform should perform to secure public cloud assets:

- Automatically identify new assets in cloud environments via API-driven connectors and assess those assets for vulnerabilities, compliance issues, and malware.
- Assess the configurations of cloud instances, using active scanners or agents.
- Integrate security into the development process (see Chapter 4) to gain early visibility into security flaws, prevent them from reaching production, and enable developers to remediate those flaws just as they'd address other quality issues.

### SECURING AMAZON WEB SERVICES

AWS CloudTrail is a service that records activity in AWS accounts, including details on new and retired AWS instances. You can use this information to automatically and continuously track asset changes in AWS and pull the information into your cyber exposure platform. This way, you ensure that cloud workloads are seen, assessed, and consistently reported alongside other types of assets, solving the key challenge of achieving accurate visibility into cyber risk in cloud environments.

Additionally, you want to harden configurations based on industry best-practice guidance, such as the Center for Internet Security's Amazon Web Services Foundations benchmark (`https://d0.awsstatic.com/whitepapers/compliance/AWS_CIS_Foundations_Benchmark.pdf`).

The risk around this is becoming better recognized, as several compromises of AWS instances occurred in 2017 due to misconfigurations. In fact, a recent study found that 73 percent of companies using AWS have at least one critical AWS security misconfiguration, such as remote Secure Shell (SSH) open to the entire Internet.

IN THIS CHAPTER

- » Getting a unified view of information technology and operational technology assets
- » Protecting critical industrial control systems and supervisory control and data acquisition infrastructure
- » Safeguarding plant operations

# Chapter 6 Unifying Information Technology and Operational Technology Security

Organizations with industrial systems have historically managed security with different approaches for information technology (IT) and operational technology (OT). IT and OT are converging, however, creating both challenges and opportunities related to visibility and remediation of vulnerabilities. The increasing connectedness of IT and OT is forcing two very different worlds to examine opportunities for collaboration and improvement.

There's always a balancing act between flexibility and security — a tradeoff between increased operational efficiency and greater control. Energy (oil and gas), utilities, and manufacturing companies that rely on OT systems to automate and control plant processes must understand cyber exposure in the context of an evolving attack surface and threat landscape.

The increased prevalence of interconnected IT and OT systems has made production networks vulnerable to cyber attacks that threaten major disruptions of critical infrastructure. Defenses aren't keeping pace with network connectivity in this sector, and the failure to accurately understand security weaknesses is contributing to a growing cyber exposure gap (see Chapter 2).

In this chapter, we explore some of the challenges associated with asset discovery and vulnerability management (VM) in industrial environments.

## Protecting Operational Technology Systems

For many organizations with production assets, a major security challenge is simply knowing what systems are in place across various operating environments. Plant managers and engineers aren't always aware of all the assets on their networks.

Protecting OT begins with building and maintaining a comprehensive inventory of networked assets. Only then can you proceed to the next step: acquiring visibility into the security status of these assets.

REMEMBER

Threats can affect both OT and Internet of Things (IoT) systems in organizations outside the industrial sector. Nearly every organization maintains heating, ventilation, and air conditioning (HVAC) systems, for example. If these enterprise IoT systems are part of a networked environment, they're part of the modern attack surface.

## Achieving a Unified View

IT and OT represent two distinct, unique environments. IT security (which is chiefly concerned with the confidentiality, integrity, and availability of data) has a much different focus from OT security (which prioritizes safety, uptime, efficiency, and productivity).

Approaches used to discover assets and detect vulnerabilities in traditional IT environments don't necessarily work in OT environments. Conventional active scans, for example, can adversely affect OT systems and even knock them offline because those systems simply weren't designed to withstand such probing. As a result, traditional active scans can't be performed on sensitive industrial systems. If an electrical distribution network is disrupted, it can have major consequences for millions of people. Asset criticality and sensitivity put industrial systems in a separate category when it comes to security measures.

It's no wonder that security practitioners in industrial environments don't want active scanners anywhere near their plants. These ubiquitous IT security tools are deemed too risky. Instead, these critical infrastructure networks require nonintrusive *passive monitoring* — deep packet inspection of network traffic to fingerprint assets and identify vulnerabilities without disrupting operations.

TIP

See Chapter 3 for a review of the scanning technologies best suited for various environments.

Frequently, industrial control systems (ICS) and supervisory control and data acquisition (SCADA) systems directly or indirectly interact with IT networks. In other words, OT systems are now part of the broader networked environment. Additionally, on nearly every OT network, you'll find lots of supporting IT devices, such as Windows servers and workstations. And in attacks against OT devices (such as programmable logic controllers), initial penetration often occurs through the IT network.

You can't limit your security concerns and initiatives either to IT or OT and ignore the other side of your enterprise. But seeing everything isn't easy because IT typically has little visibility into OT networks.

WARNING

Bad actors need only one exploitable hole for entry. If they're attacking OT systems, they don't care whether they enter via the IT or OT side. The more gaps, the better. They follow the path of least resistance to achieve their objectives.

As we discuss in Chapter 3, a cyber exposure solution that features complementary active and passive data collection sensors ensures full visibility across IT and OT assets.

## INTEGRATING INFORMATION TECHNOLOGY AND OPERATIONAL TECHNOLOGY PERSPECTIVES

Interconnected IT and OT systems force organizations to address increased cyber exposure in their production environments. Cross-functional teams of information security and plant/operations engineers should collaborate to understand their cyber exposure and proactively protect operational performance.

Security goals differ between IT and OT:

- IT focuses on data confidentiality, data integrity, and data access and availability. If a hack occurs, systems and business operations are shut down to protect critical data.
- The OT risk model focuses less on data and more on safety, uptime, efficiency, and productivity. If an attack occurs, management is concerned about avoiding operational interruption.

# Securing Industrial Control Systems and Supervisory Control and Data Acquisition Systems

ICS and SCADA networks are designed for continuous, reliable operation. They're meant to be walled off from the IT network and isolated from threats, so robust security generally hasn't been built into these systems. Traffic may not be encrypted, and login passwords may not be required. But as organizations embrace increased connectivity of assets, industrial systems become more accessible — and, thus, create increased risk.

Passive monitoring of OT assets is required to discover and address vulnerabilities before they're exploited (and potentially disrupt essential public services, such as electricity). A cyber exposure platform must provide passive analysis of network traffic for continuous discovery of OT assets and vulnerability identification on critical ICS and SCADA systems.

## WEIGHING RISK AS CONTEXT CHANGES

In industrial environments, security focuses on developing a complete understanding of risks, evaluating remediation options, and determining what level of risk to accept in different areas of production. Here are two examples that illustrate the industrial security perspective:

- An HMI computer in your OT environment has several critical vulnerabilities. However, firewall rules prevent it from communicating with the Internet. Therefore, patching the vulnerabilities is not an issue unless Internet access is added.
- Some of your older OT assets can be accessed with default credentials. Now these systems can be remotely accessed by service technicians, causing you to replace the default credentials with unique, strong credentials for each user who can access the assets.

Likewise, vulnerability remediation practices aren't as straightforward in industrial environments. Patches may not be available from the vendor, or the vendor may be required to apply the patch on-site, creating delays. Also, you may have to take a system offline temporarily to apply a patch — rarely an option for critical infrastructure, which may shut down briefly for patching only once or twice a year.

REMEMBER

There's such a thing as a noncritical SCADA network, by the way. A big retailer may deploy these systems in its distribution center, but because they aren't critical infrastructure, they can be taken out of service temporarily for active scanning.

# Extending Security to Plant Operations with Capabilities Designed for OT

Relying on a modern cyber exposure platform to visualize and understand the state of OT assets at all times gives plant managers and compliance professionals the information they need to manage and reduce cyber risk. As a result, they can achieve the delicate balance between flexibility and security that we mention at the beginning of the chapter.

Here's a scenario that demonstrates the benefits of such an approach: Suppose that you're a plant engineer assigned to complete an asset inventory. How much time would it take you to walk around a 40,000-square-foot plant to check the status of every machine that's active on the network versus the time it would it take to pull up the same data on a laptop?

Significant risk reduction, as well as cost and efficiency benefits, are associated with managing IT and OT security with a single solution — as long as it effectively serves the needs of OT and doesn't force use of solutions that are ill-suited for the production environment. It's critical to remember that the increased connectivity of production systems contributes to an expanding attack surface, and the resulting risk requires serious attention.

IN THIS CHAPTER

» Measuring and reporting cyber exposure

» Calculating your organization's exposure score

» Understanding how to reduce cyber exposure

# Chapter 7
# Measuring and Prioritizing Cyber Exposure

Security teams must understand where cyber exposure is most concentrated across the business and how to best reduce it. Visibility is important, but without context-driven analysis and prioritization that tells information technology (IT) what to focus on, it's useless. Organizations need an objective way to quantify cyber risk and help stakeholders make smarter decisions. Cyber exposure helps prioritize remediation at the operational level and guide broader decision making at the strategic level.

In this chapter, we explore how advanced approaches enable you to measure, benchmark, and communicate cyber exposure.

## Measuring Cyber Exposure

The discipline of cyber exposure empowers organizations to transform static, fragmented views into live, unified visibility. Raw technical data is translated into meaningful business metrics, which management can track alongside other key risk metrics.

## Ingesting and correlating data

A cyber exposure platform integrates and analyzes asset, vulnerability, and threat data to provide the clear insight that security and IT operations teams need for remediation.

To gain a true understanding of your cyber exposure, you need to synthesize information from multiple vendors. A comprehensive cyber exposure platform imports asset, vulnerability, and threat data from other vendors as needed and integrates that with its own data to provide a continuous, comprehensive view of the modern attack surface.

WARNING

When evaluating cyber exposure solutions, choose a vendor that natively provides both vulnerability assessment and advanced analytics. Otherwise, you'll be forced to purchase, integrate, and manage multiple solutions from different providers. You'll also miss out on capabilities that can be delivered only by a solution that integrates vulnerability assessment and exposure analysis.

TECHNICAL STUFF

In addition to importing data from third parties into the platform, cyber exposure findings can be exported to partner solutions that perform downstream activities such as IT service management (ticketing/workflow); remediation (patch management and network access control); asset management (such as a configuration management database [CMDB]); threat analysis (such as security information and event management [SIEM]); and governance, risk management, and compliance (GRC).

## Employing data analytics

To truly minimize cyber risk, you need to make smart business decisions, which means leveraging all available data. Advanced algorithms can analyze numerous inputs to provide a meaningful measure of cyber exposure (risk) for your organization.

In the Analyze phase of the cyber exposure life cycle (see Chapter 2), analytics adds business and threat context to vulnerability data. As a result, security personnel can identify exposure hot spots and prioritize actions based on a true view of risk, not one-dimensional vulnerability data. In the subsequent Fix stage, the security team selects the right remediation technique for each issue, leverages integrations with complementary solutions, and collaborates with other departments to achieve closed-loop resolution.

Intelligent analysis of asset, vulnerability, and threat data translates raw information into prioritized issues and provides a meaningful view of exposure across the organization. To get there, your cyber exposure solution should normalize and analyze all the vulnerability data that it collects natively and imports from other solutions so that you can confidently answer the following three questions:

- Where are we exposed?
- Where should we prioritize based on risk?
- How are we reducing our exposure over time?

## Calculating Exposure Scores

Large organizations own thousands or even millions of assets, each of which may be prone to countless vulnerabilities. Security teams are inundated with vulnerability results but often don't know where to focus their efforts. In the end, security professionals may prioritize their remediation efforts based on imperfect out-of-the-box indicators from a VM solution or custom scoring managed manually outside the VM solution.

*Exposure analysis* translates raw security data into actionable information and visualization that delivers insight at both the operational and strategic levels. It helps the security, IT, and DevOps teams focus scarce resources on the most important vulnerabilities and weaknesses while giving management the visibility and understanding needed to improve the organization's overall security posture over time.

Vulnerabilities don't generate equal risk. One key factor in prioritization is exploitability, which reflects the kind of access needed to exploit the vulnerability, the existence of exploit code that can leverage the vulnerability, and other factors. Another critical factor is the potential effect of a successful attack. The impact of an attack on a low-value asset would be quite different from that of an attack on an asset that contains mission-critical data or provides an essential service.

Quantitative exposure scoring helps you confidently prioritize your remediation activities. A modern cyber exposure platform calculates scores based on factors such as the following:

- Vulnerability severity and exploitability.
- Threat context such as prevalence of a vulnerability (or similar vulnerabilities) being exploited in the wild.
- Asset and business context. (For example, a test server containing no sensitive data that resides on a segregated part of the network may be less critical than an external-facing server supporting an e-commerce website. Prioritize mission-critical systems, valuable data, and assets governed by compliance regulations.)

Individual asset scores can be rolled up by geographic location, organizational entity, or asset type, for example, to calculate overall exposure scores. You can use such scores to track hot spots and trends in cyber exposure.

REMEMBER

A small number of vulnerabilities account for the vast majority of actual exploits. In fact, only about 13 percent of all vulnerabilities are exploited, according to industry estimates.

As part of your shift from an approach that focuses on vulnerabilities to one that focuses on exposure (risk), it's important to understand which vulnerabilities currently being exploited by hackers pose the greatest risk to your most critical assets — in other words, which exposures are most important to your organization.

Advanced exposure scoring weighs these vulnerabilities and contextual information, providing clear guidance about what to focus on while giving you the flexibility to tune the scoring as you like.

## BENCHMARKING EFFECTIVENESS AGAINST PEERS

Comparing your organization's cyber exposure with that of your peers provides a broader perspective that helps you understand your effectiveness, demonstrate progress to senior management, and decide where to focus future cybersecurity investments.

Benchmarking is about more than raw numbers — how many vulnerabilities you have compared with other organizations, for example, or how significant those vulnerabilities are. It's also about process maturity — for example, how long it takes your organization to remediate critical vulnerabilities versus the industry average, and how your peers are responding to new vulnerabilities.

Comparing your security posture with that of peers provides insights you can't get any other way and identifies improvement opportunities that help you objectively mature your security program.

# Communicating Cyber Exposure

Most of your stakeholders — from the finance department to senior management and the board of directors — lack the cybersecurity expertise (and interest) required to make sense of technical security data. They're business professionals who need to make decisions based on understandable business metrics.

Security teams must translate technical data into digestible information that summarizes the cyber risks affecting the organization. Doing so facilitates meaningful discussion, rigorous problem solving, and risk-informed decision making on tactical and strategic questions. It also positions the IT security leader as a business leader rather than a technologist, giving him or her greater credibility and a seat at the table when more-significant decisions are made.

REMEMBER

Good communication is even more critical in light of the cybersecurity talent shortage, which is estimated to reach 6 million openings worldwide by 2020. Because not enough people are available to analyze all the data, security solutions must be more intuitive and intelligent, with powerful analytics and decision-support capabilities.

## Visualizing cyber exposure

Shifting your focus from VM to cyber exposure promises much greater insight, but to realize that potential, you need powerful visualization capabilities to see all assets and explore the global exposure. A modern user experience can present massive sets of disparate data in intuitive ways that invite exploration. Hot spots can be highlighted for immediate action. Assets can be categorized by location, business function, and type, offering lots of possibilities for asking and answering questions.

New tools and technologies for visualizing cyber exposure allow you to see your environment in a new way. Cyber exposure platforms can deliver the latest advances in user experience design and data visualization. Think videogames and virtual reality rather than spreadsheets. Old-school reports are being augmented by easy-to-navigate visual views of exposure, informed by different lenses that allow you to truly understand your cyber risk.

Modern visualization delivers simple ways of viewing and interacting with vulnerability and configuration data.

## Reporting cyber exposure

Vulnerability management products can produce reams of data, leading to poor prioritization, little understanding of risk, and friction between IT security and operations teams.

A cyber exposure platform, however, can correlate and distill this data into meaningful results displayed in user-friendly dashboards and modern visualizations, providing relevant views of your assets and exposure.

Customizable dashboards reflecting business context provide different views for different groups of stakeholders (see the nearby sidebar "What stakeholders want to know about cyber exposure").

With these capabilities, security teams can provide tailored, actionable information to all parties, including the following:

- Chief information security officer, senior executives, and board members
- Risk management and compliance professionals

- Information security managers/directors and analysts
- Line-of-business managers
- IT operations professionals
- DevOps teams
- Operational technology (OT) plant managers, engineers, and compliance professionals

## WHAT STAKEHOLDERS WANT TO KNOW ABOUT CYBER EXPOSURE

Stakeholders across the organization, many of whom lack cybersecurity expertise, have different interests and needs when it comes to cyber exposure. Therefore, technical data must be translated into relevant business terms for these stakeholders:

- **Chief information security officers** don't care about the minutiae in vulnerability reports or technical data. They want to understand the big picture, benchmark their organization against peers, and quantify which parts of the organization are generating the most cyber risk. They want to demonstrate progress in reducing exposure over time and versus peers, which helps them foster risk-based discussions and decision making, justify security investments, and position themselves as business leaders.
- **Senior executives and board members** want visibility into the degree and sources of cyber exposure, as well as relevant information to support risk/benefit discussions. They want to understand how the organization stacks up against its peers and competitors.
- **Information security managers and directors** want to reduce cyber risk across the attack surface. They want to see exposure broken down by geographical location, business unit, and other dimensions and to drill down into hot spots. They also need support for cross-functional workflows that drive closed-loop remediation. Comparing performance of organizational units can also help colleagues up their game to the level of high-performing departments.

*(continued)*

*(continued)*

- **Line-of-business managers** need to know the cyber risk considerations of various IT and business decisions — information previously not presented in useful form.
- **OT managers and engineers** want to identify and understand vulnerabilities in production systems that could lead to compromise and downtime. They also need to maintain regulatory compliance.
- **Information security analysts and IT operations professionals** are interested in exposure scores and prioritization of vulnerabilities and misconfigurations. They need to know what to focus on to secure the overall attack surface.

A cyber exposure platform should support all these stakeholders and use cases. Security teams must communicate cyber risk in business terms and provide insight that all stakeholders can use to make better business decisions.

IN THIS CHAPTER

» Using cyber exposure solutions with existing security infrastructure

» Integrating third-party solutions with a cyber exposure platform

# Chapter 8

# Integrating Cyber Exposure with Existing Infrastructure

In today's complex, dynamic threat environment, you need to combine the best cyber defense solutions to stay a step ahead of malicious actors. All the components of your arsenal must fit together seamlessly to thwart sophisticated cyber attacks and leverage the limited time and resources of your team.

A comprehensive cyber exposure platform is the foundation of a modern defense strategy. You must be able to see all types of assets and vulnerabilities across multiple computing environments to rapidly identify and remediate the most critical weaknesses.

In this chapter, we identify complementary technologies that can be integrated with your cyber exposure platform.

First, however, we need to discuss the building blocks that make these integrations possible: *application programming interfaces* (APIs) and *software development kits* (SDKs). An API is essentially a means through which disparate applications can exchange information (such as vulnerabilities detected) and/or issue commands (such as triggering a vulnerability scan). An SDK typically builds on an API and makes it even easier to build full-fledged integrations.

TIP

Leverage native APIs and SDKs to seamlessly integrate the applications that address your business requirements. Enrich your infrastructure by building custom capabilities to support your workflows.

## Public Cloud Platforms

Running services in the cloud enables organizations to increase agility, accelerate time to market, and reduce costs, but cloud computing presents unique cybersecurity and regulatory compliance challenges.

Leading cyber exposure solution providers offer purpose-built software designed for scanning public cloud infrastructure — preferably from the inside. The software scans hosts in the cloud and then exports scan data to a management console for centralized analysis and reporting.

Sample vendors include Amazon Web Services (AWS), Microsoft, and Google.

## Configuration Management Databases

A configuration management database (CMDB) acts as a data repository that documents IT installations. It holds relevant information about the IT assets that comprise your infrastructure, as well as descriptions of the relationships among these assets. The CMDB is meant to track all configuration items within the environment and any changes made to them.

TIP

A CMDB gives you rich visibility to manage and understand your traditional information technology (IT) assets, providing essential input to cyber exposure solutions.

Sample vendors include ServiceNow, BMC, and Micro Focus.

## Network Access Control

Network access control (NAC) technology detects and quarantines endpoint devices that don't comply with company security policies, including mandated patches, current antivirus signatures, and the use of personal firewalls. Many NAC solutions trigger scans via cyber exposure solutions to document compliance with company security standards.

Sample vendors include ForeScout, Aruba Networks, and Cisco.

## Mobile Device Management

Cyber exposure solutions can be integrated with mobile device management solutions to monitor mobile devices and detect vulnerabilities, misconfigurations, and compliance issues in mobile operating systems and applications. This approach allows you to

- Identify IOS, Android, and Windows mobile devices accessing the company network.
- Detect known mobile vulnerabilities, including out-of-date operating system versions.
- See detailed device information.
- Discover unauthorized and jailbroken iOS devices.

Sample vendors include Apple, Citrix, Good, Microsoft, MobileIron, and VMware.

## Privileged Access Management

Privileged access management (PAM) solutions enable IT to carefully control and monitor access to computing assets by authorized (privileged) IT personnel. This type of solution helps organizations reduce the risk of unauthorized system access by external threat actors and malicious insiders such as disgruntled employees and dishonest contractors.

Modern PAM solutions do the following:

- Provide single sign-on and support for multifactor authentication.
- Manage passwords and other credentials for administrative, service, and application accounts.

» Monitor, record, and audit commands and actions of privileged users.
» Granularly delegate and control access permissions for privileged users.

Sample vendors include BeyondTrust, CyberArk, Lieberman Software, and Thycotic.

## Security Information and Event Management Systems

A security information and event management (SIEM) system is a sophisticated solution for monitoring IT and security events across an organization to detect and prioritize threats. Identified vulnerabilities and configuration issues from the cyber exposure platform can be automatically fed into a SIEM to help prioritize potential threats, based on understanding which assets are vulnerable to which types of attacks.

Sample vendors include IBM, LogRhythm, McAfee, Micro Focus, and Splunk.

## Governance, Risk Management, and Compliance

An IT governance, risk management, and compliance (GRC) system is an essential element of many information security programs. Vulnerability assessment and configuration compliance data can be provided to the GRC solution and combined with additional controls data to provide a consolidated view of IT risk.

GRC can help you align IT activities with business goals, manage risk effectively, and stay on top of compliance.

Sample vendors include LockPath, RiskVision, and RSA.

## Information Technology Service Management

IT service management (ITSM) is a set of policies, procedures, and frameworks for managing IT services. At the core of an ITSM software suite are a workflow management system and a CMDB for discovering and mapping configuration items and their dependencies.

Bringing these technologies together links assets and vulnerability remediation service requests, making it easier to accelerate remediation. By integrating with these solutions, the cyber exposure platform makes it easier for security and IT operations teams to remediate vulnerabilities and misconfigurations faster, gain visibility into patching progress, and ultimately reduce cyber risk.

Sample vendors include ServiceNow and BMC.

## Patch Management

A cyber exposure platform can integrate with patch management solutions and allow security teams to audit the results of those solutions. Scanners scour the environment for vulnerabilities and correlate their discoveries with earlier vulnerabilities reportedly addressed by the patch management system. This process quickly identifies inconsistencies and reduces risks that might have gone unnoticed.

Sample vendors include IBM, Microsoft, Red Hat, and VMware.



IN THIS CHAPTER

» **Considering must-have capabilities**

» **Identifying the platform requirements based on your organization's needs**

# Chapter 9 Ten Buying Criteria for Cyber Exposure Platforms

In this chapter, we summarize the ten criteria you'll want to consider when evaluating cyber exposure solutions. These criteria are the core capabilities you need to narrow your cyber exposure gap.

## Continuous Visibility

You can't fix what you can't see. A panoramic cyber exposure platform allows you to continuously discover and assess both traditional IT (network infrastructure, servers, desktops) and dynamic modern assets (cloud instances, containers, web apps, operational technology [OT], Internet of Things [IoT] devices) across all computing environments. Continuous visibility eliminates blind spots on your modern attack surface.

## Broad, Unified Coverage

Broad coverage starts with exhaustive detection of vulnerabilities and configuration issues across asset types. But it doesn't stop there.

A comprehensive cyber exposure platform also ingests and analyzes third-party asset, vulnerability, and threat data. The information collected from numerous sources is normalized and correlated to provide an expansive view of your cybersecurity posture.

A unified solution delivers clear visibility into assets, vulnerabilities and risk-based cyber exposure through an integrated set of data collection, analysis, visualization, and reporting capabilities. This eliminates the need to manually integrate or process data from multiple solutions to gain organization-wide insight.

## Data Collection Flexibility

No single approach works for all assets, which means you need the full gamut of sensor technologies to cover your bases:

- **Network vulnerability scanners** identify vulnerabilities, misconfigurations, and other security health issues in your traditional IT infrastructure, servers, and PCs (including operating systems and applications).
- **Web application scanners** focus only on web applications and look for certain *types* of vulnerabilities such as input validation errors that can lead to cross-site scripting attacks. Web app scanners are particularly essential for testing an organization's custom-built applications.
- **Agents** installed directly on end-user devices or servers are especially valuable for assessing assets that aren't always on the network. Locally installed agent software includes all the capabilities required to discover vulnerabilities and audit configurations and in some cases even detect malware running on the asset.
- **Passive network monitoring** sensors provide live asset discovery and monitoring to eliminate the blind spots created

by periodic active scanning. They enable safe vulnerability detection for critical infrastructure such as industrial control systems (ICS) and supervisory control and data acquisition (SCADA) systems that would be disrupted by traditional active scanning, aren't appropriate for agent deployment, and often can't be shut down for months or years at a time.

- The **image registry** integrates security into the software development life cycle by providing a repository that can house and scan images for assets such as containers and public cloud instances.

## Seamless Integration with DevOps Tools

Information security leaders must find innovative ways to ensure security while enabling agile DevOps environments, such as integrating security into workflows early in software development.

REMEMBER

Introducing security early translates into significant business value in terms of eliminating blind spots, enabling DevOps velocity, and reducing manual effort.

### SECURING WEB APPLICATIONS AND CONTAINERS

Safely identify issues across your entire portfolio of web applications via fast, automated, high-accuracy security testing. A modern cyber exposure platform includes web application scanning as part of a comprehensive approach to identifying and managing cyber risk across assets in all computing environments.

You can bring security even earlier into the software development life cycle through preproduction visibility into container images as they're created. This helps you seamlessly and securely enable DevOps processes and reduce cyber exposure. Knowing what vulnerabilities are inside every container and having the chance to remediate those issues before the images are pushed to production are critical to protecting these dynamic assets. A cyber exposure platform that integrates with the DevOps tool chain eliminates container blind spots without slowing the application development process.

## Translation of Cyber Risk into Business Terms

Security teams must translate reams of raw vulnerability and security health data into language that all stakeholders can understand and act on. The following advanced capabilities of a cyber exposure platform help everybody in an organization see, understand, and act on cyber exposure:

- **Exposure scores for prioritization:** In-depth analysis is performed on asset, vulnerability, and threat data from multiple sources to calculate exposure scores for groups of assets and the overall organization. Exposure analysis translates security data into a meaningful quantification of cyber risk at the operational and strategic levels so you can optimize resources, focus on what matters most first, and improve your overall security posture.
- **Visualization for an intuitive understanding of assets and exposure:** A cyber exposure platform also presents information with a modern visual approach that facilitates rapid understanding and easy exploration. Trends and hot spots are seen immediately, and breaking issues can be highlighted. This approach helps you understand your cyber exposure in a way that reports and dashboards alone can't facilitate.
- **Benchmarking for competitive advantage:** Benchmarking your level of cyber exposure internally among different groups and externally versus industry peers (see Chapter 7), as well as tracking effectiveness over time, provides valuable information about where additional attention or investments are needed. A cyber exposure platform shows how you stack up against other organizations and highlights opportunities for improvement.
- **Clear insights for decision support:** Security teams can use a cyber exposure platform to provide actionable information and guidance to colleagues who have no cybersecurity expertise. In this way, the organization can conduct meaningful discussions about cyber risk and make better-informed decisions.

## Support for IT/OT Convergence

A cyber exposure platform also helps organizations with industrial assets build an accurate inventory of all IT and OT assets, as well as achieve the centralized visibility required to assess security across the entire organization.

As IT and OT converge, with OT systems increasingly becoming interconnected with IT infrastructure, a cyber exposure platform helps organizations see and manage security weaknesses in critical infrastructure and other production assets. Identifying this exposure in OT networks requires capabilities that are purpose-built for industrial systems, such as nonintrusive passive monitoring, to provide broad asset discovery and vulnerability detection without disrupting sensitive systems.

## Flexible Deployment and Elastic Licensing

A flexible cyber exposure platform can scale to meet the needs of a small business with a modest IT environment or a global enterprise with millions of assets. Private- and public-sector organizations with requirements for either on-premises software or cloud-based (Software as a Service) architectures should be able to reap the benefits of a cyber exposure platform.

Elastic asset-based licensing instead of IP address–based licensing works well for modern assets with multiple IP addresses and assets that frequently spin up and spin down.

## Easy Integration with Existing IT Environments

A cyber exposure platform integrates with current IT infrastructure, allowing organizations to leverage their existing investments. An open, flexible approach relies on well-documented application programming interfaces (APIs) and software development kits (SDKs) that enable integration with complementary tools and technologies so that critical issues can be addressed quickly and completely. A comprehensive ecosystem of partners reduces integration effort, delivers frequent innovation, and provides additional peace of mind.

## Robust Services and Resources

Services offered by your cyber exposure platform vendor and partner ecosystem extend your cybersecurity capabilities, helping you leverage best practices and augment the capabilities of existing personnel. Services help you unlock the full value of your platform throughout the cyber exposure life cycle, including assessment, planning, and design; product training; platform implementation and operation; integration and automation; and ongoing support.

## Knowledge and Expertise

Look for a partner that deeply understands assets, networks, and vulnerabilities, demonstrating proven industry leadership in VM and credible vision and capabilities for cyber exposure.

Your provider should have the following:

- A dedicated team of experienced cybersecurity researchers who continually enhance the platform and deliver data science–driven insights to address emerging threats and vulnerabilities
- In-depth knowledge of modern technologies and a compelling vision for the future
- Experienced security professionals who can help you master cyber exposure capabilities within your organization

If you're flying blind into the widening cyber exposure gap, that's untenable. Join the movement, and begin the journey of measuring and reducing your cyber risk across the modern attack surface.

# Notes

# Notes

# Notes

# Notes

# Notes

# Notes

# Notes

# Notes